SNS GUIDE

페이스북, 트위터, 사이월드, 미투데이, 구글 플러스 완전 활용법

SNS 가이드

성균관대학교
정보보호연구실 지음

도서출판 그린

지금의 시대를 한마디로 정의하자면, 재발견 혹은 재발명의 시대라 할 수 있다. 사회 전반에 걸쳐 혁신이라는 단어를 제창하고 있지만, 돌아보면 사실 지난 수년간 그 혁신적인 변화를 이끌었던 원동력은 창조적인 기술이 아니다. 기존의 기술에 새로운 기술이 융합되어 새로운 서비스를 창조하는 재발명이 오늘날의 혁신을 주도하고 있다. 대표적인 예로 스마트폰을 들 수 있다. 휴대폰은 아주 오래 전부터 유용하게 사용되던 통신수단이었다. 하지만 2000년대 초반 아이폰을 비롯한 다양한 스마트폰의 출현으로 오늘날의 휴대폰은 통신수단 이상의 기능을 제공하고 있으며, 기존 휴대폰의 관념을 송두리째 바꿔놓았다. 나아가 최근에는 스마트 TV, 스마트 카메라 등 다양한 전자제품에 새로운 기술이 융합되어 서비스를 창조하고 있다.

소셜 네트워크 또한 마찬가지이다. 네트워크의 역사는 아주 오래 되었다. 1960년대 멀리 떨어진 컴퓨터 간의 데이터 전송을 위해 시작된 ARPANet (Advanced Research Projects Agency Network)이 바로 그 시초이다. 지난 수십년간 네트워크는 발전을 거듭하여 어느덧 전세계를 연결하는 네트워크로 성장했고, 오늘날 우리는 네트워크를 통해 전세계에 산재해있는 다양한 정보를 손쉽게 접할 수 있다.

'소셜'이라는 접두어는 이러한 네트워크에 사회성을 부여했다. 과거의 네트워크가 정보 공유의 장이었다면, 소셜 네트워크는 여기에 사회성을 지닌 객체를 등장시켜 온라인 커뮤니티를 형성했다. 대표적인 예로는 페이스북과 트위터를 들 수 있다. 2004년 개설된 페이스북은 현재 전세계에서 가장 성공한 소셜 네트워크 서비스 중의 하나로 현재 10억명 이상의 가입자를 확보하고 있으며 점차 증가추세에 있다. 페이스북 사용자들은 페이스북을 통해 자신의 일상을 친구들과 공유할 수 있고, 친구와 대화를 나눌 수 있고, 친구와 게임을 즐길 수 있으며, 친구를 찾을 수도 있고 새로운 친구관계를 형성할 수도 있다. 일상에서 하던 사회생활을 네트워크로 옮겨놓은 것이다. 트위터는 페이스북과는 조금 다른데 미국의 오바마 대통령이 대통령 선거유세에 활용하면서 그 가치가 크게 부각되었다. 트위터는 자신의 메시지를 주변에 빠른 속도로 전파하는데 유용하며, 주로 유명인이 사회적 영향력을 행사하는데 트위터를 활용하고 있다. 그 외에도 소셜 커머스라는 공동구매 서비스, 소셜 북마킹 서비스 등 자고 일어나면 소셜이라는 접미어가 붙은 새로운 서비스들이 속속 등장하고 있다.

우리나라는 IT 기술은 세계에서 유례를 찾아보기 힘들 정도로 빠른 속도의 성장을 지속하고 있다. 그러나 그 이면에는 정보 소외계층의 등장으로 인한 정보 확산의 불균형, 개인정보보호 침해, 허위소문 유포 등으로 인한 사회적 손실 등 다양한 문제를 지니고 있다.

필자는 특히 소셜 네트워크라는 새로운 서비스의 등장이 기존의 정보 불균형 상태를 더욱 심화하고 있음을 인지하고 본 책자를 집필하게 되었다. 본 책자의 목적은 IT 기술에 익숙하지 않은 사람들이 소셜 네트워크 서비스를 시작하고 활용할 때 좀 더 쉽게 개념과 기능을 이해할 수 있도록 도움을 주는 것이다.

본 가이드북은 크게 6개의 소셜 네트워크 서비스를 다루고 있다. 각각은 페이스북, 트위터, 미투데이, 싸이월드, 구글플러스, 그리고 카카오톡으로 국내외 서비스 중 사용자들이 가장 많이 찾는 서비스를 모두 포함하고 있다. 본 책자는 각 서비스별로 가입과정, 기본적인 기능의 사용방법, 전문적으로 기능을 활용하는 방법 순으로 구성이 되어 있으며, 그 외 개인정보 보호의 관점에서 조심해야 할 사항들까지 구체적으로 설명하고 있기 때문에 소셜 네트워크 서비스를 처음 접하는 사용자 및 초보적인 지식을 지니고 있는 사용자에게 유용할 것이라 생각된다.

끝으로 본 책자를 발간할 수 있도록 지원을 아끼지 않은 출판사 관계자 여러분들과 집필에 도움을 준 석사과정 문종호, 남윤호, 이창훈, 정영만, 조승현, 김영웅, 김영일 외 정보보호연구실 학생들에게 감사의 뜻을 전하고 싶다.

2013년 6월

대표저자 성균관대학교 교수 원 동 호

Contents

PART 01 페이스북(Facebook)

PART 02 트위터(Twitter)

PART 03 미투데이(me2day)

PART 04

싸이월드(Cyworld)

PART 05 Google+

PART 06

카카오톡 / 카카오스토리

PART

01

페이스북(Facebook)

1) 페이스북 시작하기

01 페이스북 소개하기

페이스북(www.facebook.com)은 미국 하버드 대학교에 재학 중인 마크 주커버그(Mark Zukerberg)가 2004년 2월에 설립한 소셜 네트워크 서비스이다. 소셜 네트워크 서비스(Social Network Service)란 웹상에서 친구 · 선후배 · 동료 등 지인(知人)과의 인맥 관계를 강화시키고 또 새로운 인맥을 쌓으며 폭넓은 인적 네트워크(인간관계)를 형성할 수 있도록 해주는 서비스를 뜻하는데, 줄여서 주로 'SNS'라 부른다. 페이스북은 미국 캘리포니아 팰로앨트 스탠퍼드 연구단지에 본사를 세웠으며 회사 가치는 약 500억 달러이고 현재 1700여 명의 직원이 있다. 또한, 2012년 페이스북의 가입자는 약 9억만 명이며 가입자당 친구는 약 130명 정도이고 가입자의 50%가 매일 접속을 하고 있다. 관련 개발자는 250만 명 정도이며 개발자가 아닌 전 세계 일반인 중 약 30만 명이 자발적인 참여로 번역을 하였으며 현재 75개의 언어로 서비스 하고 있다. 초창기 페이스북은 트위터의 글자 수 제한인 140자 보다 완화된 420자를 지원했었으나 현재는 작성 시 글자 수 제한은 없고 댓글 작성 시 2700자 미만까지 지원한다. 또한, 인터넷 서비스와의 콘텐츠 공유가 쉽다는 강점을 가지고 있다.

02 페이스북 가입하기

페이스북에 가입하기 위해서는 우선 페이스북 홈페이지로 접속해야 한다. 페이스북 홈페이지 주소는 http://www.facebook.com이다.

가입을 위해서는 본인의 개인정보들을 일부 입력해야 하는데, 성/이름/이메일 주소/비밀번호/성별/생일 등을 입력하면 된다. 해외에서 제공하는 서비스이기 때문에 주민등록번호와 같은 개인정보는 요구하지 않는다. 정보를 입력하고 **[가입하기]** 버튼을 누르면 입력한 이메일 주소로 가입확인 메일이 발신된다. 예를 들어 사용자가 페이스북에 가입할 때 'sch@security.re.kr'을 입력했으면, 페이스북은 가입확인 메일을 본 계정으로 보낸다. 사용자가 자신의 메일 계정에서 페이스북이 보낸 가입확인 메일을 확인하면, 페이스북 가입이 완료된다. '야후'나 '구글'과 같은 세계적으로 유명한 대형 포털 사이트의 이메일을 사용하는 경우, 본 과정을 생략하기도 한다.

사용자가 가입을 위해 입력한 개인정보들은 추후 페이스북에서 친구찾기 기능을 사용할 때 기본 정보가 되기 때문에 정확히 기입하는 것이 좋다.

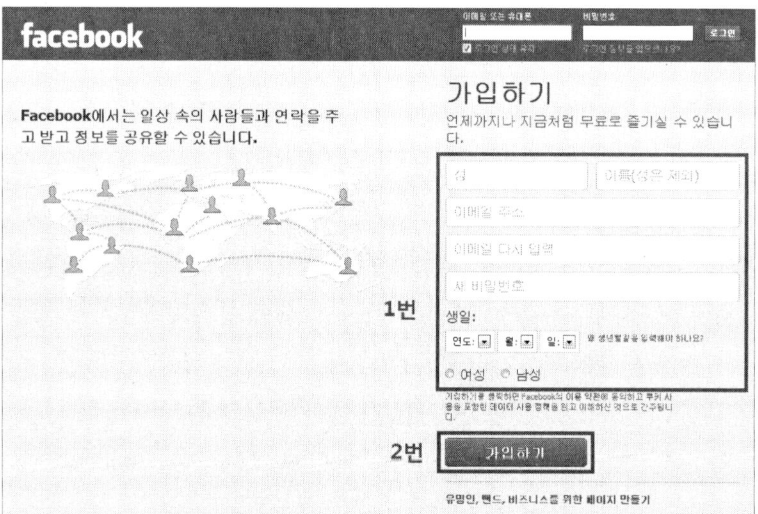

이메일 확인이 끝나면 사용자는 아래와 같이 4단계를 거쳐 프로필 정보를 입력한다.

1 단계는 친구 찾기이다. 최근 여러 이메일 서비스들은 기본적으로 주소록 기능도 제공하고 있는데, 1 단계에서는 이러한 기능을 이용하여 친구를 찾아준다. 예를 들어 그림과 같이 stopcho@gmail.com을 입력하면 페이스북은 해당 이메일 계정에 등록되어 있는 주소록에서 페이스북 사용자를 찾아 추가해준다. 그러나 이메일의 경우 사적인 용도 외에 공적으로도 사용하는 경우가 많으므로 주소록의 모든 인원들을 페이스북에 추가하는 것이 부담스러울 수도 있다. 이 경우, 맨 아래의 **[건너뛰기]** 버튼을 클릭하여 본 과정을 생략할 수 있다. 이메일 계정을 이용한 친구찾기 기능은 가입한 후에도 사용할 수 있기 때문에 본 단계에서 반드시 해야 하는 것은 아니다.

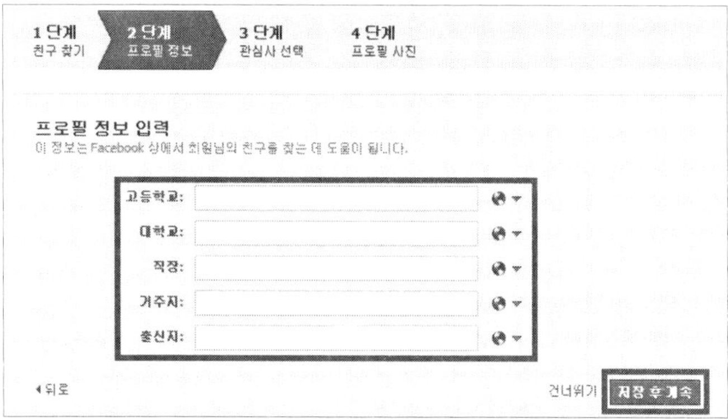

2 단계는 간략한 프로필 정보 기입이다. 프로필 정보는 출신 고등학교, 대학교, 직장 등이 있다. 각 정보를 입력하면 프로필에 해당 정보들이 등록되어 사용자의 출신 고등학교, 대학교, 현재 직장 등을 다른 사용자들이 확인할 수 있게 된다. 그리고 페이스북은 이 정보를 바탕으로 친구인 확률이 높은 사람을 추천해준다. 본 기능을 활용하면 현재 페이스북을 사용하고 있는 고등학교, 대학교 동창 및 직장 동료들을 찾기가 수월하다. 본 단계 또한 **[건너뛰기]**를 통해 넘어갈 수 있으며, 가입과정이 완료된 후에도 다시 정보를 입력할 수 있다.

3 단계는 관심사 선택이다. 신규가입자 본인의 관심사를 입력하여 비슷한 관심사를 가지고 있는 친구들을 찾아 준다. 취미, 좋아하는 운동선수 또는 음악장르 등의 관심분야를 등록하면 된다.

사용자가 선택한 정보는 추후 프로필을 통해 다른 사용자가 검색이 가능하다. 이 단계에서 입력하는 정보는 이제 지연이나 혈연이 아닌 취미나 관심사가 비슷한 사람을 검색할 때 요긴하게 사용된다.

본 단계 또한 **[건너뛰기]** 버튼을 클릭하여 넘어갈 수 있으며, 최종 가입 확인이 끝난 후에도 정보를 입력할 수 있다.

마지막으로 4 단계는 자신의 프로필 사진을 등록이다. 사용자는 페이스북에 표시될 본인의 사진을 등록할 수 있다. 우리나라의 경우 특히 동명이인이 많은 편이다. 따라서 타인이 나를 쉽게 찾기 위해서는 사진을 올릴 필요가 있다. 물론 자신의 얼굴을 공개하기 싫은 경우에는 올리지 않아도 된다.

4 단계가 모두 완료되면 입력한 이메일로 아래 그림과 같이 가입승인 메일을 받는다. 수신 받은 메일의 링크를 클릭하면 페이스북 가입이 완료된다.

03 로그인과 로그아웃하기

가입을 완료했으면 이제 페이스북에 로그인을 해보자. 페이스북의 서비스를 사용하기 위해서는 로그인이 필요하다.

페이스북 로그인 방법에는 두 가지 방법이 있다. 첫 번째는 가입할 때 입력한 이메일 주소를 사용하여 로그인 하는 방법이고, 두 번째는 페이스북에 등록한 자신의 휴대폰 번호로 로그인 하는 방법이다. 이메일 주소의 경우 sch@gmail.com과 같이 전체를 입력해야 하며, 휴대폰 번호의 경우에도 010-0000-0000과 같은 형태로 입력을 해야 한다. 두 방법 모두 비밀번호는 동일하다. 이메일 또는 휴대폰 입력란 아래를 보면 로그인 상태

유지라는 체크박스가 있다. 본 체크박스를 클릭하고 로그인을 하면 로그아웃을 하기 전까지 로그인 상태가 유지된다. 자신의 컴퓨터가 있으면 본 기능을 사용하는 것이 편리하지만 공공장소에서 로그인 유지 기능을 켜놓으면 타인이 내 페이스북 계정에 접근할 수도 있으므로 유의해야 한다.

로그아웃 메뉴는 상단 구석에 있다. 페이스북 페이지의 우측 상단의 톱니모양 버튼을 선택하면 세부 메뉴가 등장하는데, 여기서 로그아웃을 클릭하면 페이스북에서 안전하게 로그아웃을 할 수 있다.

04 프로필 작성하기

앞서 페이스북 가입 4단계에서 사용자는 기본적인 자신의 개인정보를 입력했다. 물론 입력하지 않아도 가입은 순탄하게 진행이 된다. 페이스북은 온라인에서 사용자 간의 인적 네트워크를 형성하는 것을 지원하는 서비스이다. 인적 네트워크를 형성하기 위해서는 일반적인 사회생활과 마찬가지로 어느 정도 자신의 정보는 공개할 필요가 있다. 페이스북에서 자신의 프로필을 작성하는 것은 인적 네트워크 형성을 위한 첫걸음이라 할 수 있다.

사용자가 프로필 작성 시 입력할 수 있는 개인정보에는 지역, 학교, 성별, 기혼여부, 나이 등 다양한 정보가 포함되다. 페이스북은 사용자가 입력한 개인정보를 바탕으로 친구로 짐작되는 사람 혹은 친구가 되면 잘 어울릴 것 같은 사람을 찾아준다. 때로는 한 사람 건너 아는 사람도 추천을 해주는데, 이러한 친구 찾기 및 추천 기능은 페이스북의 핵심이라 할 수 있다. 예를 들어 페이스북 상에서 A와 B가 친구이고 B와 C가 친구라 가정하자. 그렇다면 현실에서 A와 C도 친구일 확률이 굉장히 높다. 페이스북은 이경우 A에게 C를 친구로 추천해준다.

프로필 작성 및 수정은 페이스북 첫 페이지에서 자신의 이름을 클릭하면 된다. 아래 그림에서 표시한 2군데 중 하나만 클릭하면 본인이 작성한 프로필 확인 및 수정이 가능하다.

위 그림은 페이스북이 제공하는 가입자 본인의 개인화면이다. 가입과정에서 최소한의 개인프로필 정보만을 입력한 후의 상태이다. 여기서 자신의 정보나 친구들의 새로운 정보 갱신을 하고 싶은 경우에는 **[정보 업데이트]** 버튼을 선택하면 된다. 화면을 살펴보면 간략한 개인프로필과 본인의 담벼락, 사진 그리고 주요 활동내용이 포함되어 있음을 확인할 수 있다. 담벼락은 페이스북에서 자신의 게시글이 업로드되는 공간을 의미한다. 화면을 보면 "지금 무슨 생각을 하고 계신가요?"라고 적혀있는 란이 있는데, 사용자는 해당란에 글을 입력할 수 있으며, 사진이나 위치정보 또한 추가할 수 있다. 이후 **[게시]** 버튼을 누르면 글이 업로드되는데, 이 공간을 담벼락이라 하며, 자신이 게시한 글들은 기본적으로 자신의 친구들과 공유된다.

[정보] 버튼을 선택하면 가입 시 입력한 기본적인 개인프로필(출신학교/관심사/프로필사진) 뿐 아니라 거주지, 관계 및 가족, 연락처, 기본 정보, 좋아하는 인용구, 소개 글 등 여러 가지 정보들을 추가로 입력할 수 있다. 페이스북에서 자신의 프로필은 아래 그림과 같이 저장되어 있다.

개인프로필을 자세히 기입하는 것은 자신의 개인정보가 많이 노출된다는 위험과 함께 새로운 인맥을 형성하는데 유리하다는 양면성을 지닌다.

05 페이스북 계정 설정하기

프로필까지 입력을 하고 나면 적어도 페이스북을 이용하기 위한 기본적인 설정은 끝났다고 할 수 있다. 페이스북은 이후에도 사용자가 추가적으로 세부적인 설정을 변경할 수 있는 기능을 제공한다. 사용자는 비밀번호, 알림방법, 표시 언어 등 계정과 관련된 여러 가지 항목들을 수정할 수 있다. 특히 자주 사용하는 이메일 주소가 변경되었을 때, 페이스북 상에서도 이메일 주소를 수정할 수 있다. 앞서 페이스북에 가입할 때 사용자가 입력한 이메일은 아이디의 역할을 했다. 즉 이메일 계정을 변경할 수 있다는 것은 페이스북 아이디를 바꿀 수 있다는 것을 의미한다. 계정과 관련한 설정은 브라우저 우측 상단의 **[홈]** 버튼을 선택하면 등장하는 여러 메뉴 중 **[계정설정]** 버튼을 통해 변경할 수 있다.

[계정설정] 버튼을 선택하면 다음 그림과 같은 페이지로 전환이 되며 '일반', '보안', '알림', '공개범위', '타임라인과 태그달기', '차단', '알림', '모바일', '팔로워', '앱', '광고', '결제', 그리고 '지원대시보드' 등 총 12가지 항목에 대한 설정 기능이 화면 우측에 제공된다.

① 일반

'일반' 항목에서는 계정에 대한 기본적인 설정을 수정할 수 있다. 수정 가능한 세부 항목들은 '이름', '사용자이름(URL)', '이메일', '비밀번호', '네트워크', '언어'가 있다.

'이름' 항목은 페이스북에서 사용되는 자신의 이름을 수정할 수 있는 기능으로 **[수정]** 버튼을 눌러서 수정할 수 있다. **[수정]** 버튼을 누르면 밑의 그림과 같이 어떻게 수정할 것인지 설정할 수 있다.

이름을 수정할 수 있는 기능은 횟수가 제한되어 있으므로 유의해야 한다.

'사용자이름(URL)' 항목은 네이버에 접속할 때 우리가 www.naver.com이라고 주소창에 입력하는 것처럼, 인터넷상에서 자신의 페이스북으로 직접 접속할 수 있는 주소를 설정하는 기능이다. '사용자 이름'은 한번 설정하면 수정이 불가능하다.

'이메일'은 자신의 이메일 주소를 추가시키거나 페이스북에서 발급해준 이메일 주소를 삭제시킬 수 있는 기능을 가지고 있다.

위 그림의 Facebook 이메일이 페이스북에서 제공해주는 이메일 주소이다. 이 이메일 주소로 편지를 주고받을 수 있지만 로그인은 불가능하다.

'비밀번호'는 페이스북에 로그인을 위한 비밀번호를 변경하는 기능으로 안전한 계정 사용을 위해서는 주기적으로 바꿔주는 것이 좋다.

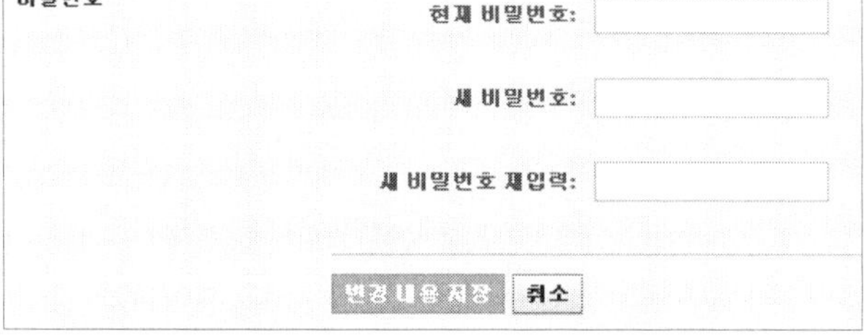

'네트워크'는 페이스북 상에서 형성되어 있는 인적 네트워크를 자신의 계정에 표시해주는 기능이다. 이 기능은 개인 및 가정에서 사용하는 컴퓨터의 네트워크 설정이 아니다.

'언어'는 페이스북을 사용하기 위한 기본 언어를 설정하는 기능으로 총 78개의 언어 중 하나를 선택하여 사용할 수 있다.

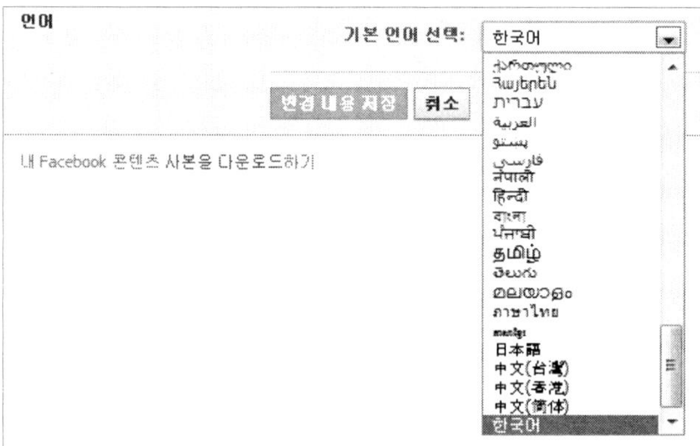

② 보안

'보안' 항목에서는 사용자의 로그인 및 서비스 사용에 관련한 설정들을 제공한다. 본 항목에서는 '보안질문', '안전한 브라우징(https), '로그인 알림', '로그인 승인', '앱 비밀번호', '인증기기' 및 '로그인 내역'의 기능을 제공한다.

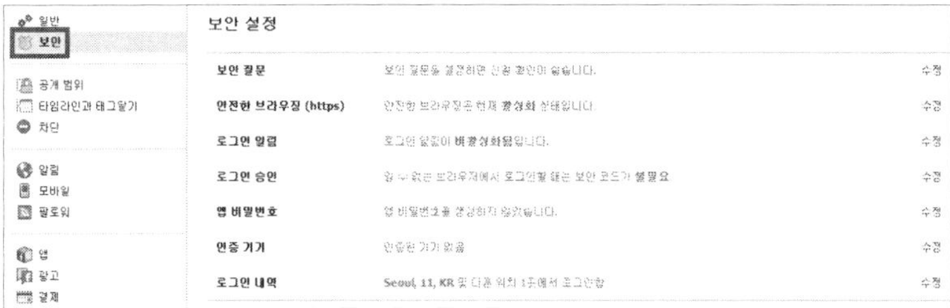

'보안 질문'항목은 자신이 로그인을 위한 비밀번호를 기억하지 못할 경우, 잊어버린 비밀번호 정보를 얻기 위한 설정이다.

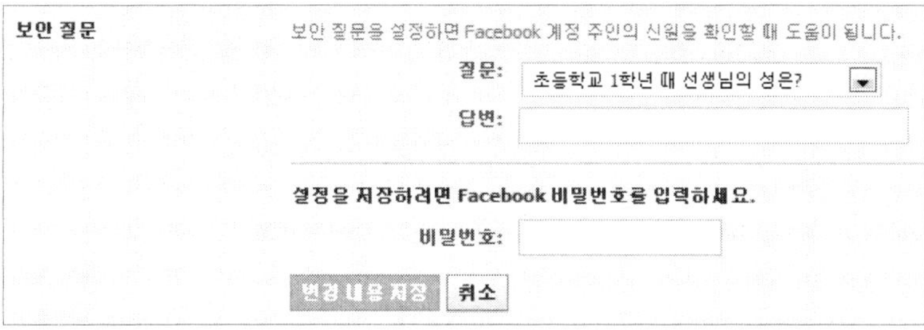

'안전한 브라우징(https)'는 페이스북을 사용하고 있는 동안 악의적인 목적을 지닌 제 3자의 공격에 대한 방어를 설정한다. 해당 기능을 사용하면 페이스북 서비스를 더욱 안전하게 사용할 수 있지만 서비스 속도(로딩 시간)가 느려지는 양면성을 가지고 있다.

'로그인 알림' 항목은 페이스북에 로그인하게 되면 이메일이나 SMS으로 알려주는 기능이다.

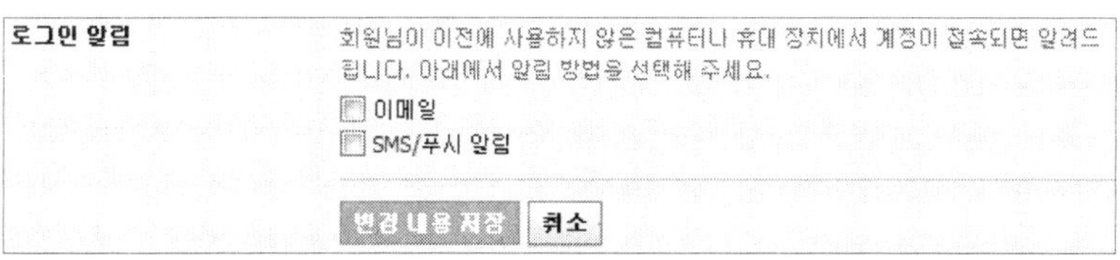

'로그인 승인'항목은 자신이 사용하는 인터넷 브라우저를 등록하는 기능이다. 만약, 인터넷 익스플로러를 등록하였다면 크롬이나 파이어폭스 등 등록되지 않은 다른 인터넷 프로그램으로 페이스북을 사용하려면 사용자는 로그인 비밀번호뿐만 아니라 추가적으로 보안코드를 기입해야 페이스북을 이용할 수 있다.

해당 기능을 사용하기 위한 보안코드는 모바일 기기나 이메일로 받을 수 있다.

'앱 비밀번호'항목은 앱을 사용하기 위한 비밀번호를 설정하는 기능이다. 모든 앱이 해당 기능을 지원하는 것은 아니다.

'인증 기기'항목은 페이스북 로그인에 필요한 추가 인증을 하는 기능으로 주로 스마트폰을 등록한다.

'로그인내역'항목은 사용자의 계정이 언제, 어느 장소에서 접속하였는지 확인할 수 있는 기능이다.

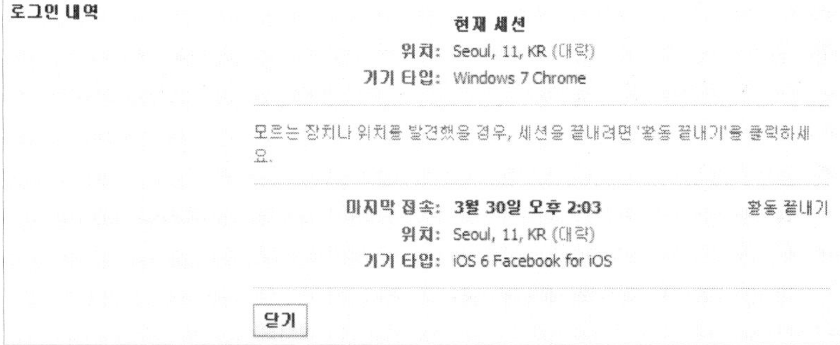

또한, 밑의 그림과 같이 '내 계정 비활성화하기'가 있어서 페이스북 활동을 중지하고 싶을 때 이용할 수 있으며 계정 비활성화에 대한 자세한 설명은 1 – (7)에서 하도록 한다.

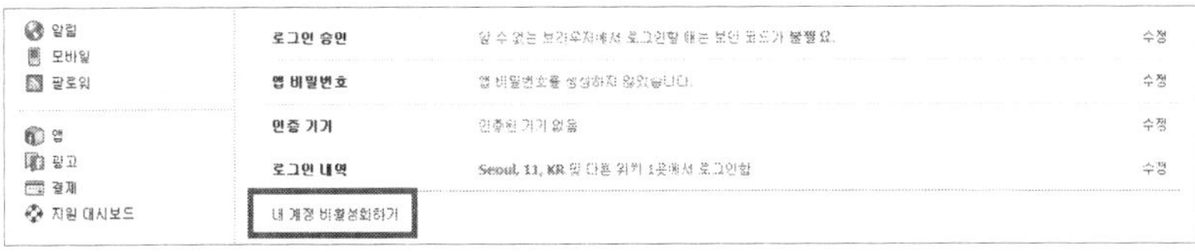

③ 공개 범위

'공개 범위'는 자신이 업로드한 콘텐츠를 누구에게 공개할 것인지, 누구까지 나를 검색할 수 있게 할 것인지를 설정하는 기능이다. 세부 설정으로는 '누가 내 콘텐츠를 볼 수 있나요?', '나를 검색할 수 있는 사람은?'가 있다.

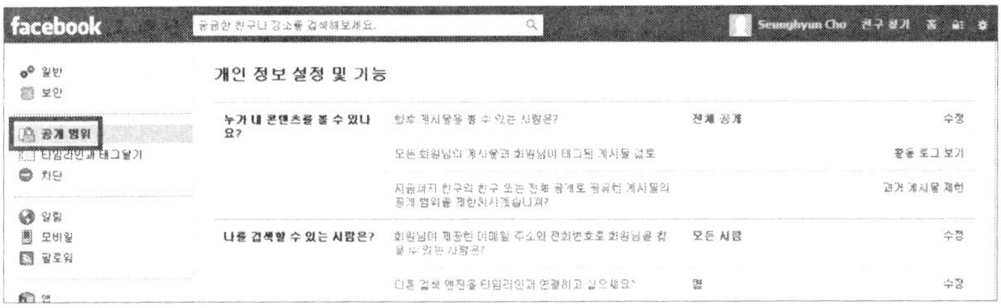

'누가 내 콘텐츠를 볼 수 있나요?' 기능은 내가 업로드한 콘텐츠의 공개 범위를 설정하는 것으로 **[전체공개 / 친구 / 나만 보기 / 사용자 지정 보기]** 중 하나로 설정할 수 있다.

'나를 검색할 수 있는 사람은?' 기능은 친구로 등록되어 있지 않는 사람이 나를 검색하는 것에 대한 설정을 할 수 있도록 한다. **[모든 사람 / 친구의 친구 / 친구만]** 중 하나를 설정할 수 있으며 만약, A와 B, B와 C가 친구인 상황이고 A와 C는 친구가 아닌 상황에서 **[친구만]**을 설정하면 C는 A의 이메일 주소나 전화번호 등 어떠한 정보로도 A를 검색할 수 없게 된다.

④ 타임라인과 태그달기

'타임라인과 태그달기' 항목은 타임라인과 태그달기에 대한 설정으로 하는 기능으로 세부항목으로는 '내 타임라인에 콘텐츠를 추가할 수 있는 사람은?', '내 타임라인의 콘텐츠를 볼 수 있는 사람은?', '사람들이 추가하는 태그나 그 추천을 관리하려면?' 이렇게 3가지로 구성되어 있다.

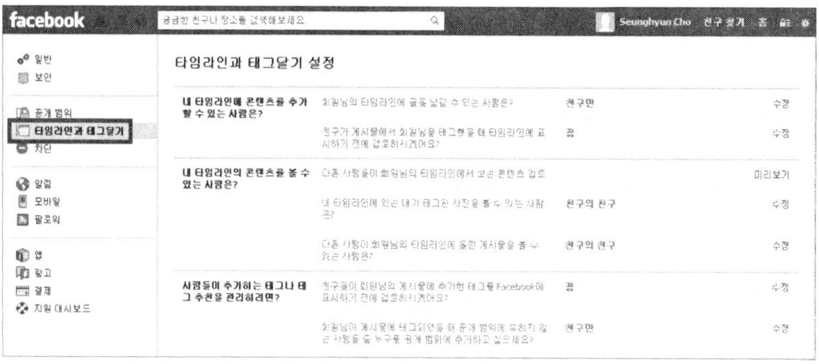

타임라인은 자신이 쓴 글들을 의미한다. 자신이 페이스북에 게시한 글들이 이제 시간별로 정렬되어 등장하기 때문에 타임라인이라고 부르는데, 본 기능은 자신의 게시물에 대한 공개여부를 결정한다고 볼 수 있다.

위의 화면에서는 타임라인에 콘텐츠를 추가할 수 있는 사람이 '친구만'으로 설정되어 있다. 이는 자신의 친구만 자신의 담벼락에 새로운 게시글을 쓸 수 있다는 의미이다. 설정에 따라 범위를 결정할 수 있다. 볼 수 있는 사람 또한 마찬가지로, 대부분의 경우 공개가 되어있지만 프라이버시의 공개를 원치 않는 경우 비공개로 설정할 수도 있다.

⑤ 차단

'차단'은 페이스북을 사용함에 있어서 자신을 괴롭히는 사용자나 잦은 앱 / 이벤트 초대를 거부하는 설정을 할 수 있다. 세부 항목으로는 '먼 친구', '사용자 차단하기', '앱 초대 차단', '이벤트 초대 차단' 및 '앱 차단'이 있다.

특정 앱은 친구를 초대해서 같이 플레이를 하면 사용자에게 어드밴티지를 주는 경우가 있는데, 친구들이 이 앱을 많이 사용하고 있다면 본의 아니게 많은 초대 메시지를 받게 된다. 이런 메시지들을 원치 않는 경우 차단 기능을 통해 초대 메시지를 방지할 수 있다. 이벤트 또한 동일하다.

페이스북에는 앱을 사전에 검증하는 기능이 없다. 따라서 악성코드가 삽입되어 있는 앱이 나의 페이스북 상에서 내 개인정보를 몰래 유출할 확률도 무시할 수 없다. 본 기능은 자신의 보안과도 밀접하게 연관되어 있다고 할 수 있다.

⑥ 알림

'알림' 항목은 자신의 계정 및 친구의 계정에 새로운 소식이 있을 경우 알림 등을 설정하거나 알림을 받는 방법을 설정하는 기능이다. 세부항목으로는 '알림을 받는 방법', '회원님이 알림을 받을 사항'으로 구성되어 있다. 알림들이 번거로운 경우 본 메뉴에서 설정을 통해 알림의 횟수나 경우의 수를 제한할 수 있고, 더 많은 알림을 받도록 설정할 수도 있다.

'알림을 받는 방법'항목에서는 페이스북에서 발생하는 모든 알림에 대한 소리를 설정할 수 있으며, 알림에 대한 이메일을 받거나 SMS으로 받아볼 수 있도록 설정할 수 있다.

'회원님이 알림을 받을 사항'항목은 예를 들어 자신이 작성한 글에 대한 새로운 댓글이 등록되었을 경우나 자신이 태그된 사진이 게시되었을 경우 또는 자신에게 A가 쪽지나 메시지를 보냈을 경우에 대한 알림을 받을 수 있다. 다른 예로는 A가 작성한 게시글에 내가 댓글을 작성하였고, 작성한 댓글 이후의 새로운 댓글이 업데이트 되는 경우에도 알림을 받을 수 있다. 그 외 페이스북 상에서 사용하는 여러 가지 앱, 그룹 활동에 대한 메시지 등의 다양한 사항에 대한 알림을 받을 수 있다.

⑦ 모바일

'모바일' 항목에서는 '휴대폰 추가'기능을 이용하여 자신의 휴대폰 번호를 등록할 수 있다. 휴대폰 등록이 완료되면 등록시킨 휴대폰으로 알림문자가 전송된다.

하지만 대한민국 국가에서는 등록 가능한 통신사가 'LG U+' 밖에 없다는 점을 유의해야 한다. 다른 통신사들의 경우 인터넷을 통해 사용자에게 알림을 제공하는 형태이다.

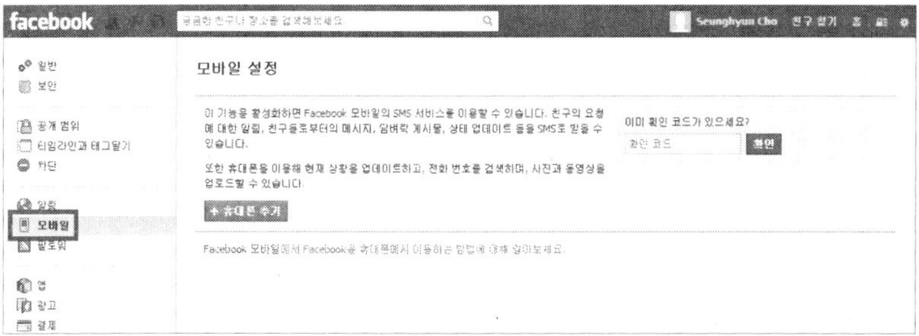

⑧ 팔로워

'팔로워' 항목에서는 나를 친구로 등록시킨 사람들에 대한 설정을 하는 기능으로 세부사항으로는 '팔로우 켜기', '팔로워 검색', '팔로워 댓글', '팔로워 알림', '사용자이름(URL)', 'Twitter'로 구성되어 있다. 트위터와의 계정 연동 설정과 내 콘텐츠를 받아보는 사람에 대한 설정을 할 수 있다. 또한, (5) - ① 기능과 마찬가지로 '사용자 이름(URL)'을 설정할 수 있다.

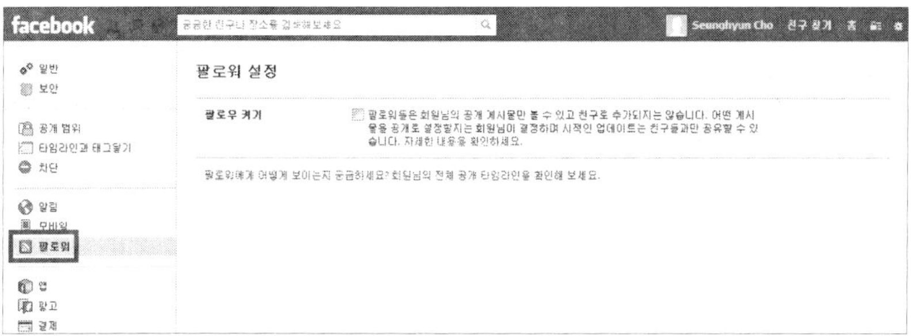

⑨ 앱

'앱' 항목에서는 페이스북의 아이디를 사용하여 다른 응용 소프트웨어를 쉽게 사용할 수 있도록 설정한다. 응용 소프트웨어에는 게임, 유틸리티, 음악 등 다양하며 그 밖의 '앱'에 대한 업데이트 및 알림 사항을 확인할 수 있다.

앱(app)이란 응용 소프트웨어(application software)의 약자로 넓은 의미에서는 운영 체제에서 실행되는 모든 소프트웨어를 뜻한다. 따라서 워드프로세서, 스프레드시트, 웹브라우저들뿐만 아니라 컴파일러나 링커 등도 응용 소프트웨어인 셈이다. 또는 좁은 의미에서는 OS 위에서 사용자가 직접 사용하게 되는 소프트웨어들을 뜻한다. 이런 경우 컴파일러나 링커 등 시스템소프트웨어를 제외한 워드프로세서 등의 소프트웨어들만을 주로 뜻한다. 간단하게 줄여서 애플리케이션이라고 하며 더 줄여서 앱이라고 부르기도 한다.

최근 들어 많이 사용되고 있는 이 앱이라는 단어는 주로 스마트폰 전용 애플리케이션을 지칭한다. 스마트폰의 수요가 폭발적으로 증가하면서 스마트폰을 활용한 여러 가지 소프트웨어들이 등장하였는데, 이를 어플 또는 앱으로 지칭한다. 지하철 노선도, 맛집 탐색, 음악재생 등 스마트폰에서 동작하는 모든 소프트웨어를 앱이라고 생각해도 무방하다.

앞서 언급한 바와 같이 페이스북은 앱을 자체적으로 검증하지 않기 때문에 의심스러운 앱은 사용을 자제하는 것이 보안을 위한 훌륭한 선택이다.

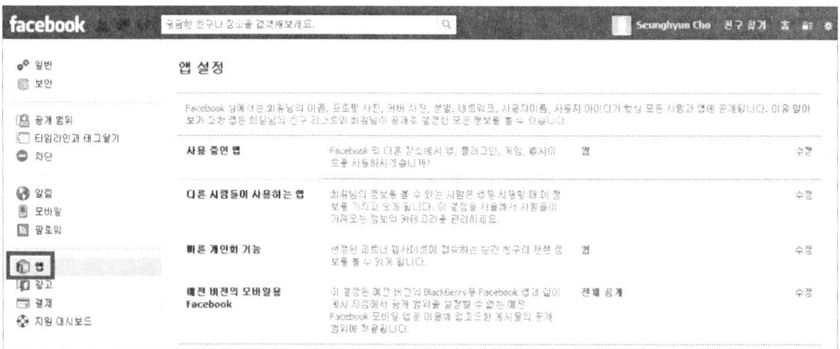

⑩ 광고

'Facebook 광고' 항목은 페이스북을 이용하여 자신을 소개하거나 특정 상품에 대한 광고 기능을 제공한다. 세부항목으로는 '제 3자의 사이트', '광고 & 친구'가 있다.

일반적으로 게시판에는 공지글을 쓰는 기능이 있어서, 특정 글을 다른 글과는 달리 게시판의 상단에 오래 머무르게 할 수 있다. 하지만 초기의 페이스북은 이러한 기능이 없어서 모든 글들이 시간이 오래되면 화면 아래로 사라져버렸다. 본 기능은 이러한 단점을 보완하기 위한 것이다.

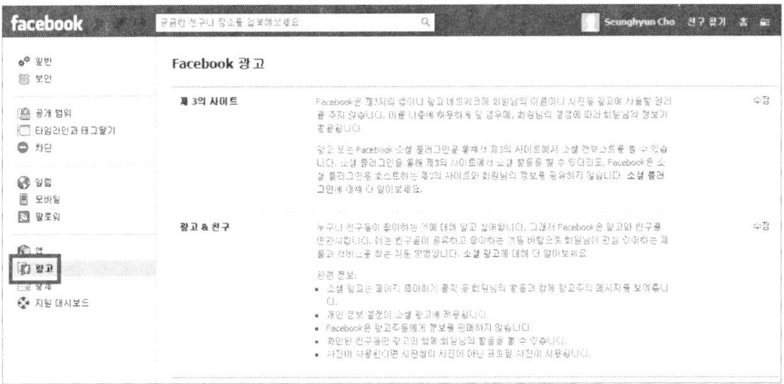

⑪ 결제

'결제' 항목에서는 자신이 페이스북 상에서 결제한 내역을 확인할 수 있다.

페이스북을 이용하다보면, 특히 앱을 이용하다보면 결제의 필요가 생긴다. 게임 상에서 필요한 아이템이나 기타 등등을 구입하는 경우가 생기는데 본 기능은 자신이 결제한 내역을 사용자에게 제공한다.

⑫ 지원 대시보드

'지원 대시보드'항목은 페이스북의 공지 사항이라고 할 수 있는 기능으로 밑의 그림의 우측 상단에서 **[알림 / 끄기]**를 설정할 수 있다.

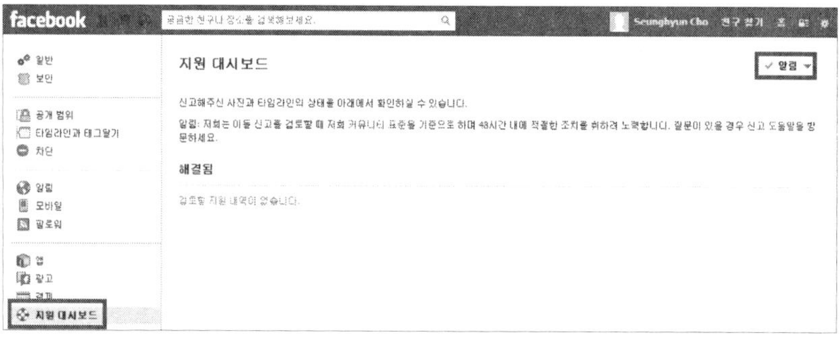

06 공개 범위 설정하기

페이스북에 저장되는 모든 입력 값들은 기본적으로 '전체 공개'로 설정되어 있다. 저장되는 입력 값이란 개인 프로필에 작성한 출신 학교, 지역, 이메일 등 사용자 개인정보와 사용자가 페이스북 상에서 작성한 글, 사진, 댓글 등을 모두 포함한다.

기본적으로는 이 모든 정보들이 전체공개로 설정되어 있기 때문에 프라이버시의 보호를 위해서는 설정을 변경하거나, 민감한 정보는 페이스북에 업로드하지 않는 등의 세심한 주의가 필요하다.

본 절에서는 이러한 입력 값들에 대한 공개범위를 설정하는 방법을 설명한다. 공개 범위 설정은 아래의 그림과 같이 두 가지 방법으로 설정할 수 있다.

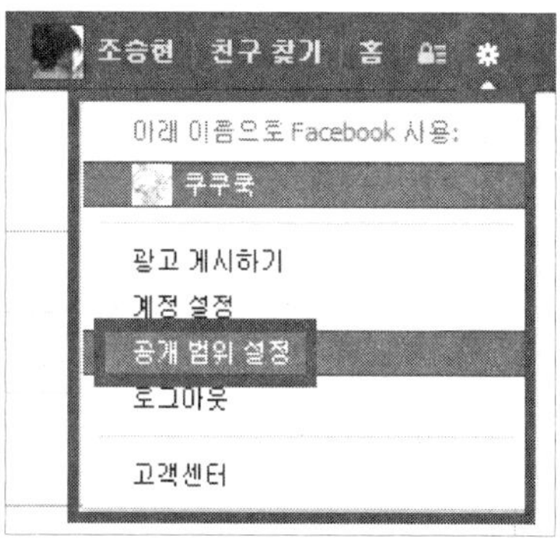

위의 그림과 같이 우측 상단의 자물쇠모양 버튼을 선택하면 공개 범위 설정에 대한 정보를 얻을 수 있다.

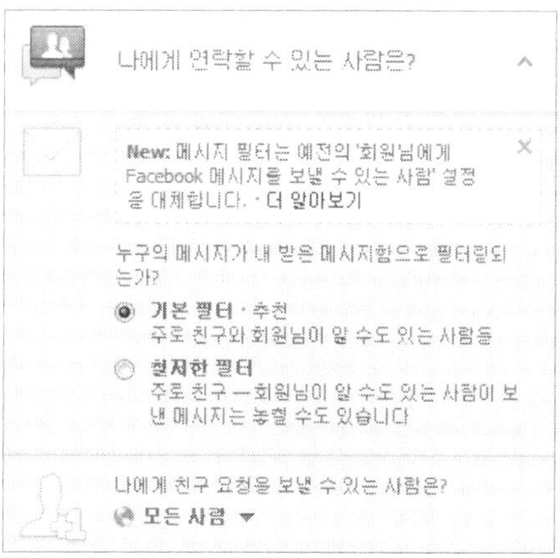

버튼을 선택하면 위의 그림과 같이 콘텐츠에 대한 설정을 할 수 있으며 공개범위 설정에 대한 자세한 설명은 1-(5)-③에 있다.

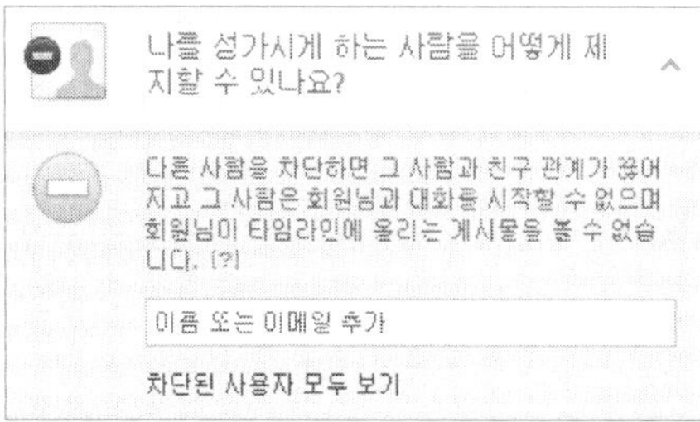

07 페이스북 비활성화 및 탈퇴하기

페이스북을 일시적으로 정지하거나 탈퇴를 원할 때, 사용자는 '서비스 비활성화' 또는 '계정삭제' 기능을 사용할 수 있다.

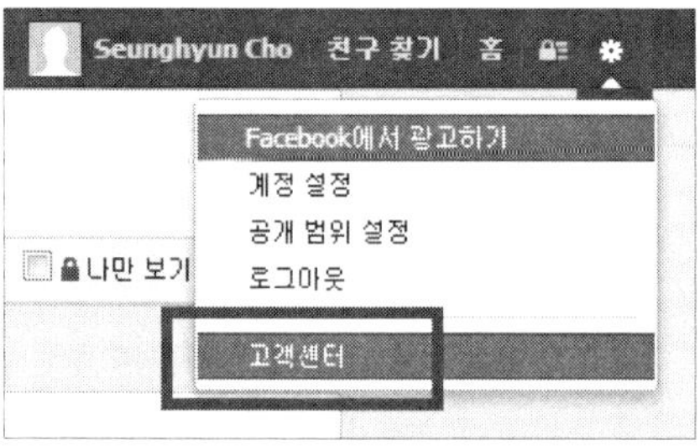

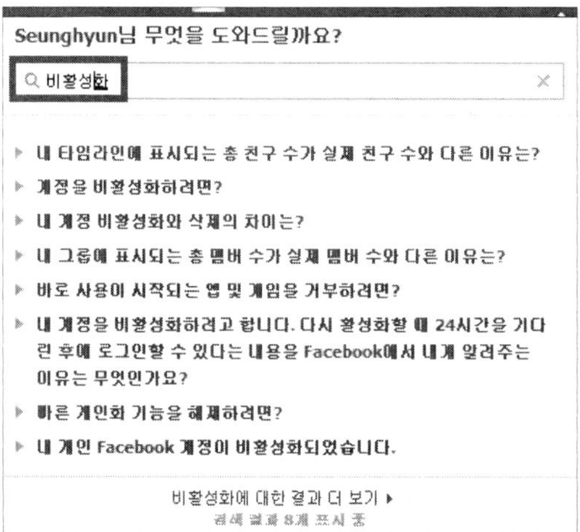

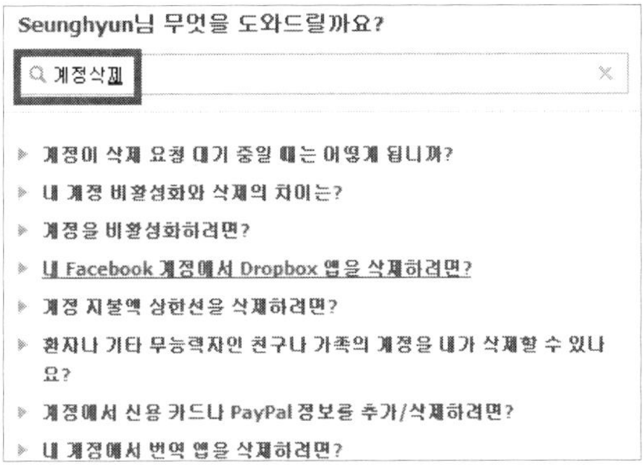

'서비스 비활성화' 상태가 되면 자신이 등록했던 콘텐츠와 댓글이 모두 비공개 상태로 전환되며, 비활성화를 해제하면 다시 공개 상태로 전환된다. 또한, 사용자가 페이스북 탈퇴를 원할 시, 언제든지 자신의 계정을 영구적으로 삭제할 수 있다. 하지만 자신의 계정에 대한 영구 삭제를 요청하게 되면 바로 삭제가 되는 것이 아니라 약 14일간의 비활성화 상태로 전환된 후 14일 이후 계정이 완전히 삭제가 된다. 이는 사용자가 중간에 탈퇴를 철회하는 경우에 대비하기 위함이다.

위의 그림은 **[고객센터]** 메뉴를 이용하여 '비활성화' 및 '계정삭제'를 하는 방법을 보여준다.

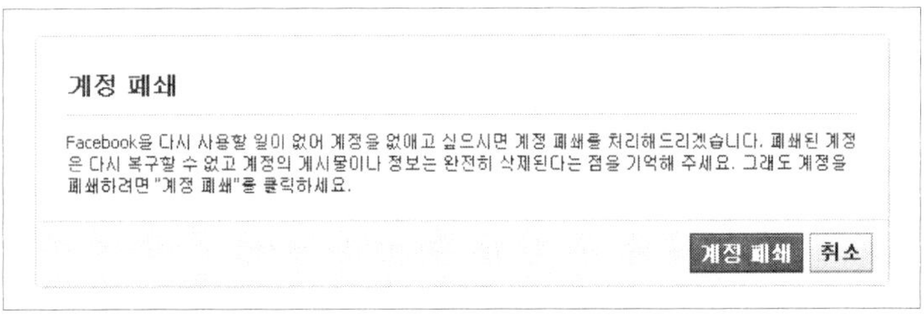

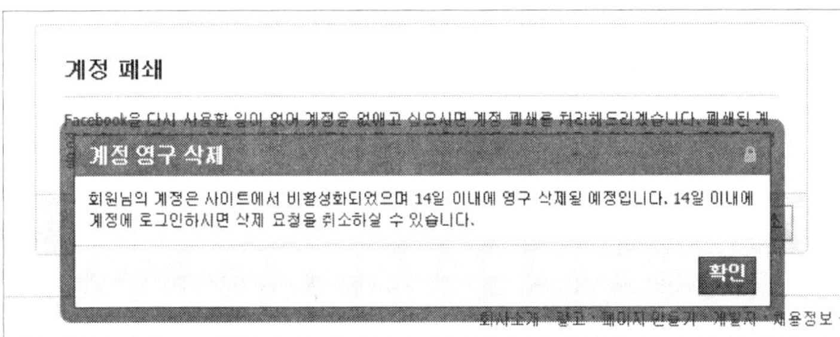

만약, 사용자가 '계정 영구 삭제'를 요청한 후 14일 이내에 다시 복구를 원한다면, 페이스북에 다시 로그인하면 된다. 이 경우 사용자가 페이스북을 재사용할 의지가 있다고 판단하고 영구 삭제 요청이 취소된다. 그러나 14일간 페이스북에 로그인하지 않으면 영구 삭제가 그대로 진행된다.

2) 페이스북 친구 맺기

01 친구 찾기

페이스북에서는 인맥을 친구라고 표현하며, 크게 2가지 방법으로 찾을 수 있다.

첫 번째 방법으로는 자신이 직접 친구의 이름을 입력하여 찾는 방법이 있다. 이 방법은 가장 직관적이고 편리한 방법이지만 단점도 있다. 페이스북에 가입할 때 사용자는 자신의 이름을 입력하게 되는데 이 때 입력한 방법에 따라 검색이 되지 않을 수도 있다. 예를 들어 자신의 이름을 영문으로 입력해놓은 경우 한글로는 검색이 되지 않는다. 이를 방지하기 위해서는 페이스북 상에 자신의 이름을 한글과 영문, 두 가지를 모두 등록하면 된다. 하지만 영문 이름이 없는 경우 동명이인은 필연적으로 발생한다. 동명이인의 경우에는 나이, 출신학교, 지역 등 다른 정보를 추가적으로 사용하여 검색을 해야 자신이 원하는 사람을 찾을 수 있다.

두 번째 방법으로는 자신이 사용하는 이메일의 주소록을 가져오는 방법이 있다. 자신의 메일 계정에 저장되어있는 주소록을 사용하여 사람들을 페이스북 친구로 추가할 수 있다. 그러나 이 방법은 자신의 의도와는 무관하게 모든 사람들을 추가한다는 점이 단점이 될 수 있다. 스마트폰 주소록에는 친구와 같은 지인 말고도 공적으로 만나는 사람들이 있을 수 있는데, 이 사람들에게까지 페이스북 초대메시지를 전송하는 것은 때로는 실례가 될 수 있다.

02 페이스북 친구 추천

페이스북은 특수한 알고리즘을 통해 자동으로 친구를 찾아주는 기능이 있다. 이 기능은 내가 작성한 프로필을 기반으로 하여 높은 수준의 정확도로 친구를 추천해준다. 이러한 사람들을 페이스북 내에서는 '알 수도 있는 사람'이라고 한다. 페이스북이 '알 수도 있는 사람'으로 추천하는 사람은 주로 출신학교가 같으며, 연령대가 비슷한 사람, 친구의 친구, 같은 지역 출신 등이다.

03 페이스북 친구 맺기

페이스북에서의 친구 맺기는 상호 동의가 된 경우에만 친구가 될 수 있다. 따라서 친구 찾기나 친구추천을 통해 친구를 신청한 후, 상대방의 수락을 기다려야 하며 상대방이 수락한 경우에 친구가 될 수 있다. 친구신청에 대한 수락 방법은 두 가지이다. 첫 번째는 모든 요청에 대해 자동으로 수락을 하는 방법이 있고, 두 번째는 모든 친구요청을 확인하고 직접 수락 여부를 결정하는 수동 수락이 있다.

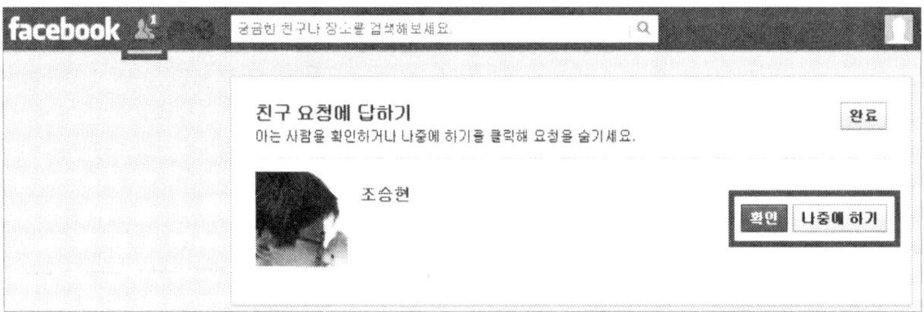

수동 수락의 경우 위 그림과 같이 친구요청 알림이 사용자에게 전송된다. 사용자는 친구 요청을 보낸 사람이 누구인지 확인 후, **[확인]** 버튼을 선택하여 친구를 맺을 수 있고, **[나중에 하기]** 버튼을 선택하여 잠시 결정을 보류할 수도 있다.

04 친구 관리

① 친구 활용하기

페이스북을 하다보면 친구가 계속 늘어나면서 점점 친구 목록이 복잡해진다. 이런 경우 특정 카테고리(예를 들면 '출신 학교', '관심사')를 중심으로 친구 목록을 정리 및 관리할 필요가 있다. 페이스북에서는 이러한 기능을 '친구' 메뉴에서 설정할 수 있다.

그림과 같이 **[리스트 만들기]** 버튼을 선택하면 '리스트 이름', '멤버'를 설정할 수 있으며 좌측에 '친구' 메뉴에 표시가 된다. 이 기능을 이용하면 사용자는 좀 더 일목요연하게 친구목록을 관리할 수 있다.

② 친구 신고/차단

친구들의 새 소식은 사용자에게 알림으로 전달되는데, 잦은 알림은 너무 번거로울 수 있다. 또 특정 친구가 허위소문을 퍼뜨리거나 과한 욕설을 하는 등 온라인에서조차 만나기 싫은 경우도 발생할 수 있다.

이에 페이스북에서는 친구의 글이나 채팅 등의 알림을 차단하는 기능을 제공한다. 방법으로는 '소식 그만 받기'와 '차단'이 있다. '소식 그만 받기' 기능은 친구 상태는 유지되지만 친구가 새로 작성한 글의 알림이 중단되는 기능이며 '차단'은 영구적으로 친구 관계를 중단하는 기능이다. 해당 기능은 **[계정설정]**이나 상대방의 공간에 가서 설정할 수 있다.

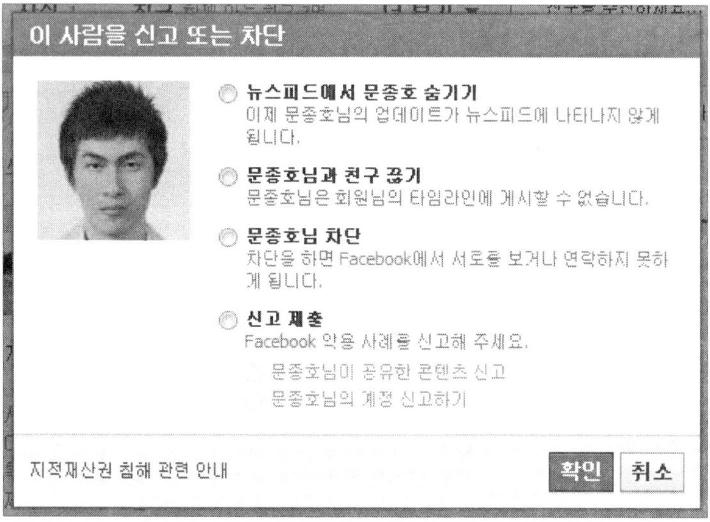

05 페이스북 친구 끊기

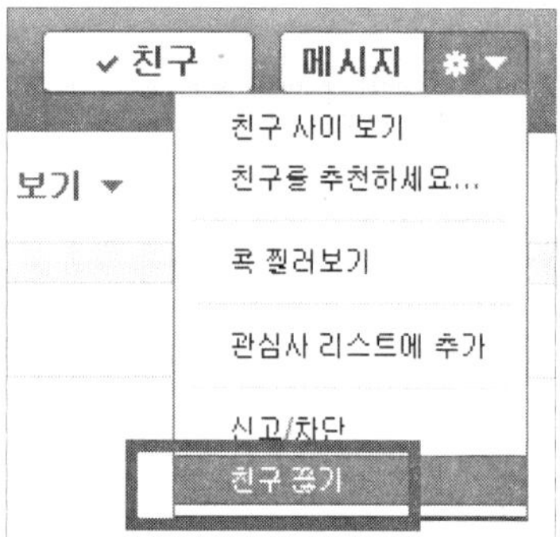

페이스북에서는 등록되어 있는 친구와 '친구 끊기'를 할 수가 있다. 이 기능은 상대방을 일시적으로 차단하는 것이 아니라 친구목록에서 영구적으로 삭제하는 것으로 자신과 상대방이 더 이상 '친구'라는 관계를 원하지 않을 경우 사용하면 된다. 만약, 다시 친구 관계가 되고 싶다면 친구 추가를 하면 된다.

페이스북은 개인을 확인하는 기능이 상대적으로 미비하기 때문에 때로는 악의적인 사용자가 친구를 사칭하여 페이스북에 가입하는 경우가 빈번히 발생하고 있으며 연예인이나 유명 정치인을 사칭하는 사례가 점점 늘어나고 있는 추세이다.

3) 콘텐츠 생성, 관리 및 공유하기

01 페이스북에 글쓰기

① 자신의 담벼락에 글 남기기

페이스북에서는 자신의 공간을 '담벼락'이라 부른다. 초창기 페이스북의 '담벼락'에는 420자 이내의 글, 사진, 동영상, 질문, URL 등을 업로드가 가능하였지만 현재는 글자 수에 대한 제한이 없어졌다. 또한 '담벼락'에서는 자신이 작성하는 글마다 '공개 범위 설정'을 개별적으로 설정할 수 있어서 특정인에게만 콘텐츠를 공개 할 수 있다. 또한, 밑의 그림처럼 좌측 하단에 '인원', '장소'를 추가적으로 입력할 수 있어서 담벼락에 글을 남기는 곳의 장소나 같이 있는 친구를 등록할 수 있다.

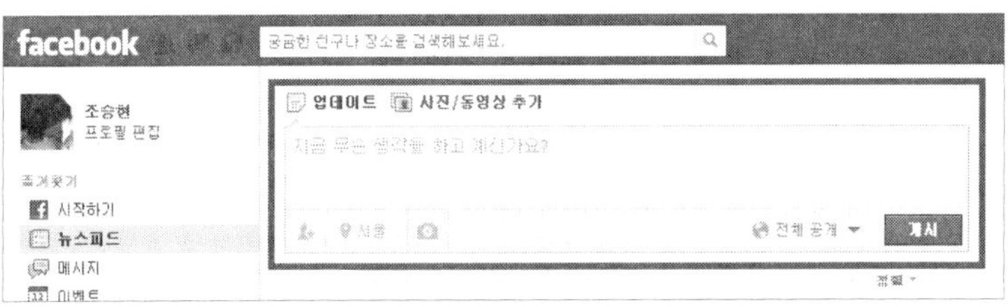

② 작성한 글 삭제하기

페이스북에서 작성한 글을 삭제하고 싶은 경우에는 게시글 우측 상단의 가위표 모양의 버튼을 선택하여 삭제할 수 있다. 게시글 삭제는 자신이 작성한 글에 한해서만 가능하며 삭제된 글은 자신의 담벼락을 포함하여 공개되었던 사람들의 담벼락에서도 삭제된다. 삭제된 콘텐츠에 댓글이 있는 경우, 댓글도 함께 삭제된다.

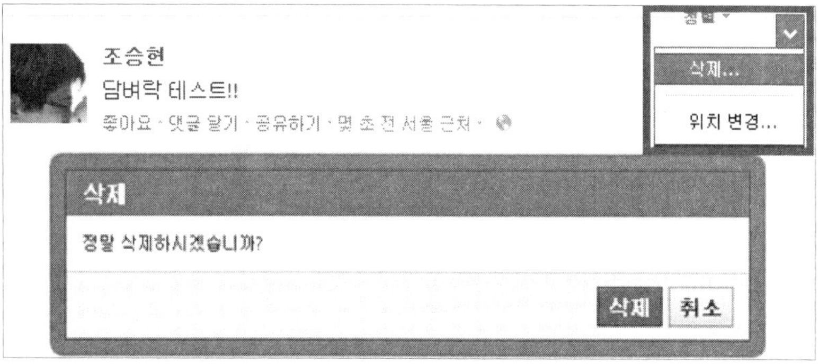

02 사진 및 동영상 올리기

① 사진 및 동영상 올리기

페이스북에서는 글뿐만 아니라 사진이나 동영상을 공유할 수도 있다. 담벼락에 사진 및 동영상 첨부를 원하는 경우, 아래 그림과 같이 **[사진/동영상]** 버튼을 선택한 후, 원하는 이미지 및 동영상 파일을 선택하여 업로드 하면 된다.

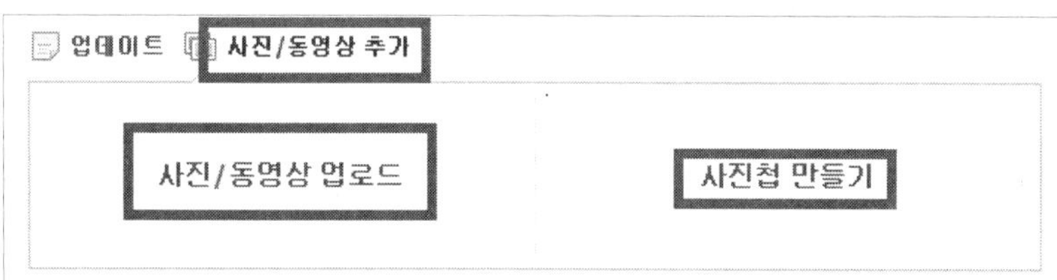

사진의 경우 웹캠을 사용하여 즉석으로 촬영한 사진을 업로드 할 수도 있다. 사진첩 만들기는 한 번에 여러 장의 사진을 업로드 할 때 사용하는 기능이다.

② 사진 태그하기

페이스북은 사진의 특정 부위에 친구의 꼬리표를 달아서 꼬리표를 클릭하면 해당 친구의 페이스북으로 이동하는 기능을 제공하며 '태그'라고 불린다.

예를 들어 단체사진을 업로드 하였을 때, 페이스북은 자동으로 사진 속에서 사람의 얼굴을 구분해내고 사람의 얼굴에 마우스를 가까이하면 태그 입력 창이 등장한다. 이때 친구 목록에서 해당하는 친구를 태그로 입력을 하면 나중에 사진에서 그 친구를 클릭했을 때, 바로 그 친구의 페이스북으로 이동이 가능하다.

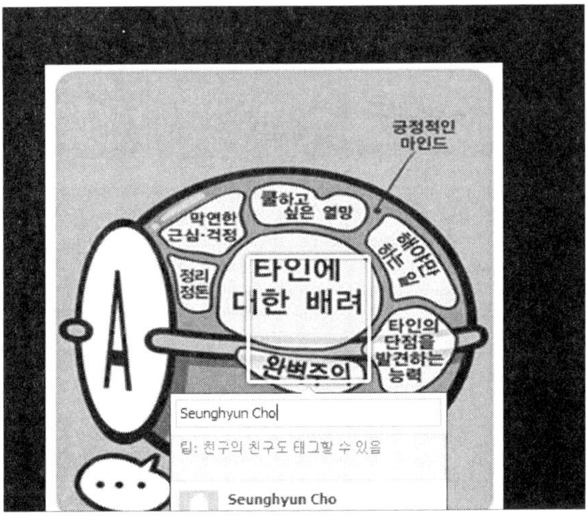

본 기능을 이용하면 단체사진에 포함된 여러 명의 사람 중 특정 인물로 빠른 이동이 가능하다. 페이스북은 개인정보 보호를 위해 태그 당한 사용자에게 사진이 온라인으로 게시되었음을 알려주는 메시지를 보내준다.

③ 사진 및 동영상 관리하기

페이스북에서는 자신이 올렸던 사진이나 동영상을 직접 관리할 수 있다. 밑의 그림처럼 사진 / 동영상을 추가할 수 있으며 반대로 삭제도 가능하다. 사진인 경우 '태그'를 설정할 수 있으며 수정도 할 수도 있다.

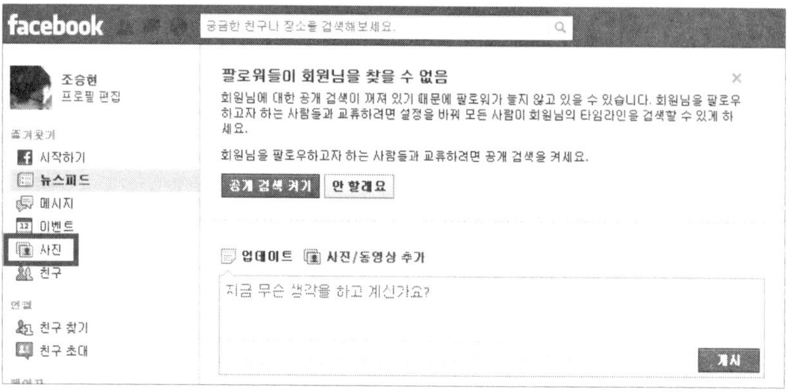

03 기타 콘텐츠 사용하기

① 뉴스피드 사용하기

페이스북에는 '뉴스피드'라는 게시판 기능이 있다. 페이스북을 로그인하면 나타나는 페이지로 이 곳에는 자신이 작성한 콘텐츠를 비롯하여 친구들이 작성한 콘텐츠가 실시간으로 게시가 된다.

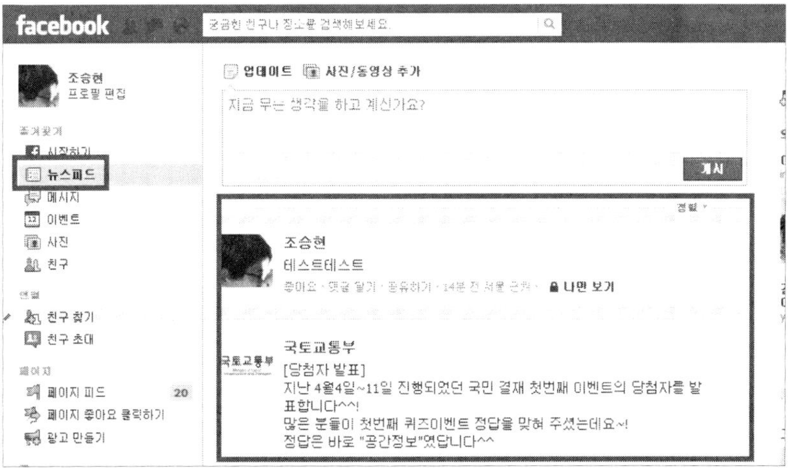

② 타임라인 사용하기

페이스북에는 '타임라인'이라는 인터페이스 기능이 있다. 인터페이스 기능이란 사용자의 편의를 위해 만들어진 단축 기능으로 '타임라인'은 페이스북 사용자가 좀 더 쉽고 빠르게 서비스를 이용할 수 있도록 고안된 페이지이다.

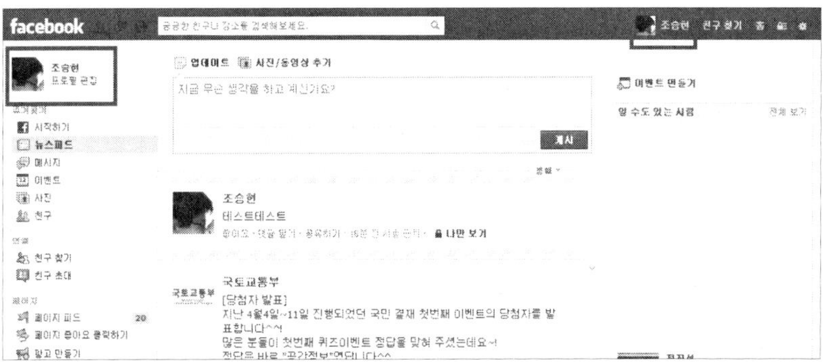

사용자 페이지의 좌측 상단과 우측 상단 부분에 위치한 자신의 이름을 클릭하게 되면 사용자는 '타임라인'으로 페이지 이동이 된다. 예를 들어 위의 그림 상에서 '조승현'을 클릭하면 '타임라인' 페이지 이동을 한다.

위의 그림은 '타임라인' 첫 페이지를 나타낸 것으로 프로필 / 활동로그 / 알 수도 있는 사람 / 콘텐츠 관리 / 담벼락 / 뉴스피드 등 페이스북의 전반적인 기능을 설정할 수 있다. 그리고 자신이 지금까지 페이스북 상에서 작성한 글이 시간대별로 정리되어 나타난다.

③ 이벤트 사용하기

페이스북에는 '이벤트'라는 캘린더 기능이 있다. 캘린더 기능이란 친구의 생일, 회의, 프로젝트 마감일 등 자신의 스케줄을 입력하는 기능이다. 페이스북에서 '이벤트'라 불리며 공개 범위 여부를 지정 할 수도 있으며, 다른 사람들과의 캘린더 공유도 할 수 있다.

이러한 기능은 지인의 경조사를 챙길 때 무척 유용하다. 국내 메신저 중 네이트온이 싸이월드와 연동하면서 가장 먼저 선보인 서비스인데, 네이트온의 경우 메신저에 로그인을 하면, 오늘 생일인 사람을 알려준다. 페이스북의 캘린더 또한 이러한 기능을 수행한다. 그 외에도 주요 일정들을 기록해두고 사용할 수도 있다.

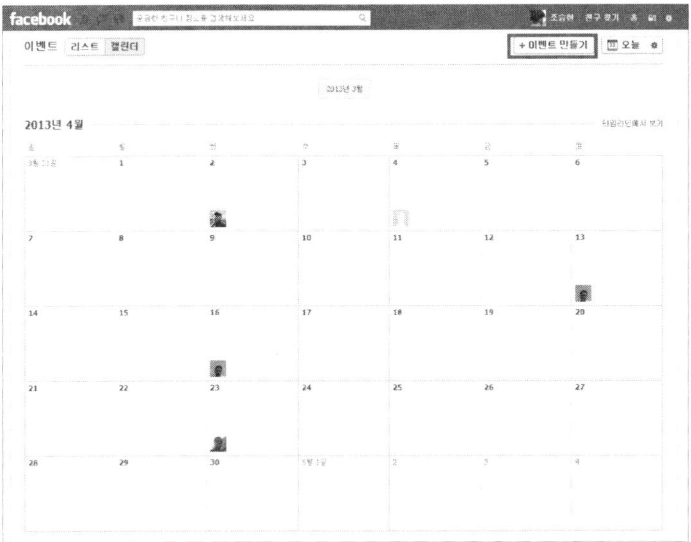

4) 친구와 소통하기

01 친구의 담벼락에 글 남기기

페이스북에 게시된 모든 콘텐츠는 공개여부를 설정할 수 있다. 콘텐츠의 공개 범위는 '전체 공개', '친구만 공개', '나만 공개', '사용자 지정' 이렇게 4가지로 분류한다.

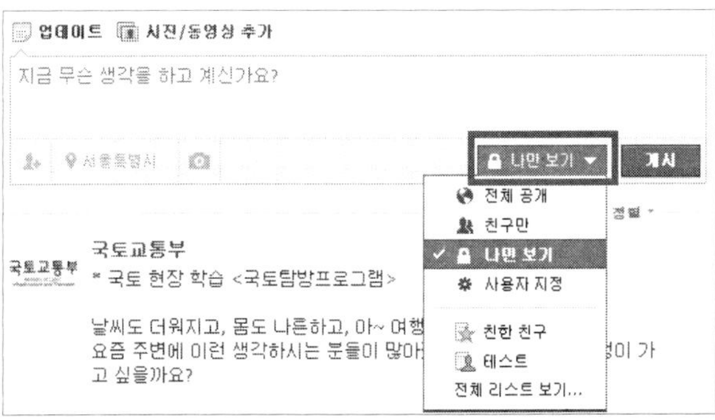

'전체공개' 콘텐츠는 모든 페이스북 사용자가 접근할 수 있으며, '나만 공개' 콘텐츠는 내가 아닌 다른 페이스북 사용자에게는 공개되지 않는다. '친구만 공개' 콘텐츠는 자신과 친구를 맺은 사용자만이 접근 가능하다. 아래의 그림은 페이스북의 공개 범위 정도를 나타낸다.

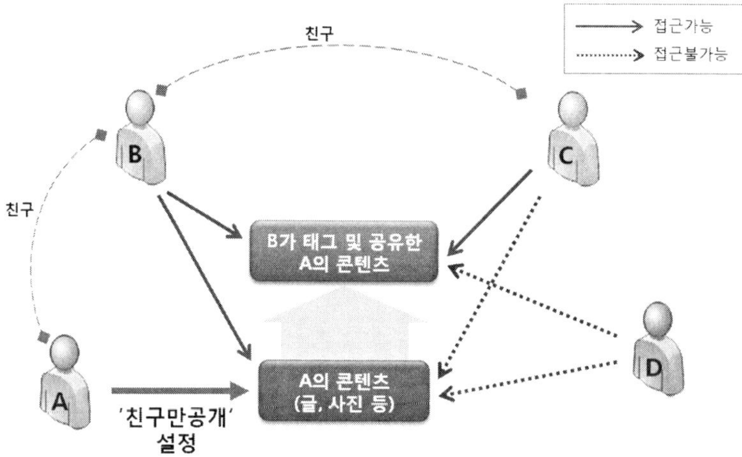

페이스북에서는 자신의 담벼락이 아닌 친구의 담벼락에다가도 글을 작성할 수 있다. 게시물 작성, 사진/동영상은 업로드가 가능하며 자신의 담벼락처럼 장소나 인원 및 시간을 기록할 수 있다. 하지만 자신의 담벼락과는 달리 '질문' 기능은 사용할 수 없다.

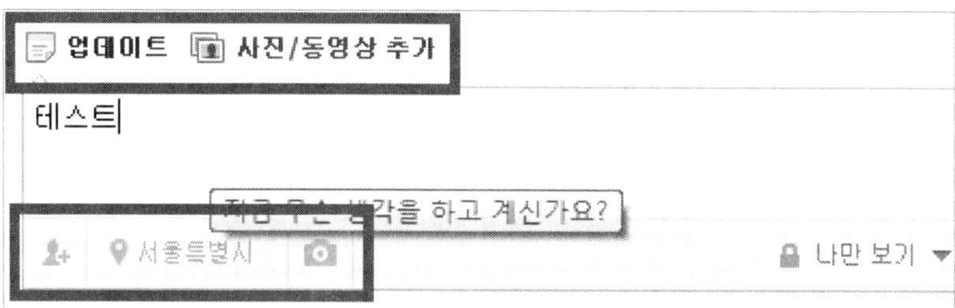

02 댓글 달기

페이스북은 담벼락에 남겨진 글에 댓글을 작성할 수 있으며 글자 수는 2700자까지 지원한다. 하지만 댓글을 작성할 때 장소나 인원 같은 추가적인 정보는 입력되지 않는다.

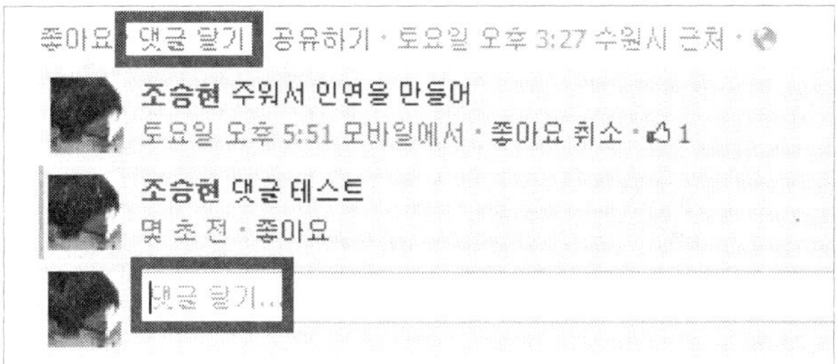

03 '좋아요'하기

페이스북에서는 특정 글이나 댓글, 사진, 동영상에 대해서 추천을 할 수 있는 기능을 '좋아요'라고 불리며 공감한다는 의미로 사용된다. 자신이 '좋아요'한 것은 취소할 수도 있다.

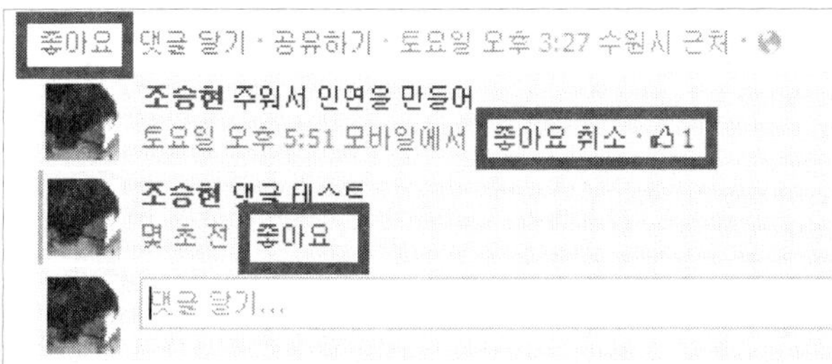

04 그룹 활용하기

페이스북에서는 자신의 친구들 중 특정 몇몇의 인원만 따로 모아서 '그룹'이라는 기능을 사용할 수 있는데 모임 또는 포털 사이트의 카페와 같은 기능이라고 할 수 있다. 포털사이트란 인터넷 정보검색 서비스나 커뮤니티와 같이 사용자가 정기적으로 이용할 수 있는 서비스를 제공함으로써, 고정 방문객을 확보하여 인터넷 비즈니스로 연결된다. 대표적인 포털 사이트로는 구글, 야후, 네이버, 네이트 다음 등이 있다.

페이스북 상에서는 그룹을 이루는 인원에 대한 제한은 없다.

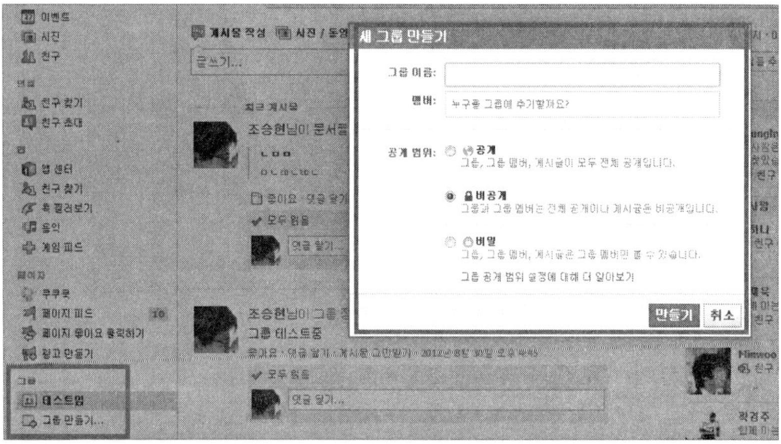

새로운 그룹을 만들 때는 사용자는 그룹이름, 멤버(친구들) 그리고 그룹 내에서의 공개 범위 여부를 설정할 수 있다.

위의 그림은 그룹을 만든 것으로 기본적으로 글쓰기, 사진 / 동영상 첨부를 비롯하여 '질문하기'와 '파일 추가'라는 새로운 기능을 사용할 수 있다.

밑의 그림은 '파일 추가'기능으로 그룹에서만 사용할 수 있으며 최대 25MB 크기의 파일 업로드와 Dropbox의 파일을 공유 할 수 있다. Dropbox란 네이버 N드라이브나 다음 클라우드와 같은 인터넷에 파일을 저장할 수 있는 웹하드 / 클라우드 서비스 중 하나이다.

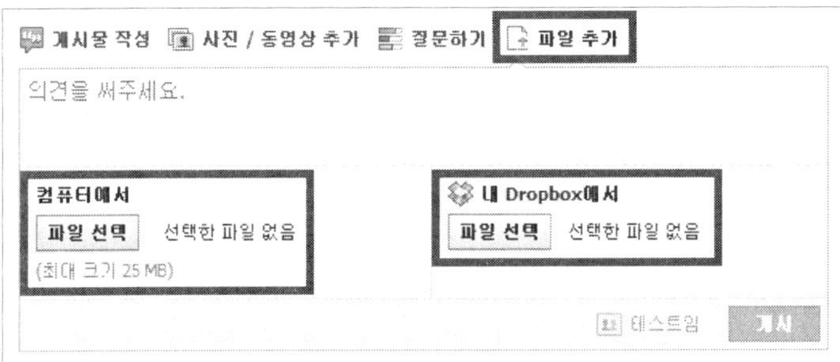

밑의 그림은 '질문하기'기능으로 '파일 추가'와 마찬가지로 그룹에서만 사용할 수 있다.

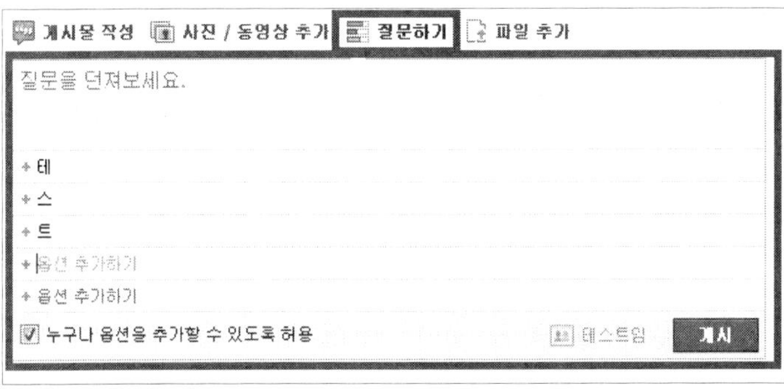

그 밖에 그룹을 이루는 멤버(친구)들끼리 '이벤트'를 공유할 수 있으며 사진 / 동영상, 그룹의 정보 수정과 그룹의 인원을 추가 / 삭제 할 수 있다. 또한, 그룹 내에서 사용하는 모든 기능은 공개 범위를 설정 할 수 있다.

05 메시지 보내기

페이스북에서는 1:1 채팅이나 그룹채팅이라는 것이 없다. 대신에 자신의 친구 또는 친구로 의심 가는 사용자(친구가 아닌 사용자)에게 메시지를 보낼 수 있다. 자신의 친구에게 '새 메시지'를 보낼 때는 파일, 사진 및 모바일 알림을 설정하여 보낼 수 있지만 아직 친구 관계가 아닌 사용자에게는 오로지 글만 보낼 수 있다.

페이스북 왼편에 **[메시지]** 버튼을 선택하면 아래의 그림과 같은 페이지로 전환되며 '새 메시지'를 선택하여 페이스북의 여러 사용자들과 메시지를 주고받을 수 있다.

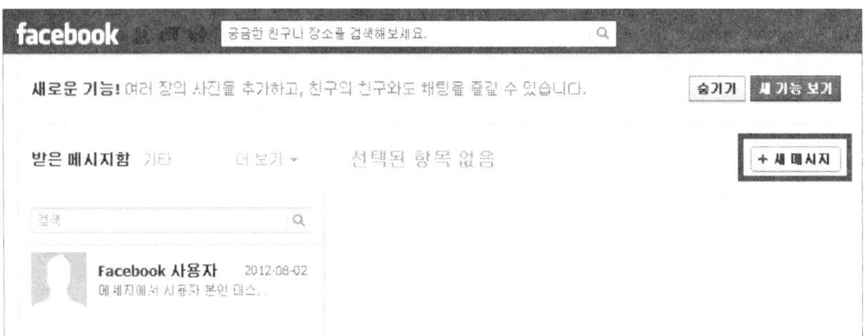

5) 부가서비스 활용하기

01 앱 센터 이용하기

페이스북에서는 여러 가지 다양한 앱들이 많이 있다. 앱은 크게 '모바일'과 '웹'으로 나누어진다. '모바일'은 스마트폰을 이용한 앱을 뜻하는 것이고, '웹'은 컴퓨터를 이용한 앱을 뜻하는 것이다. 게임, 엔터테이먼트, 스포츠 등 모두 10가지 장르의 앱이 존재하며 이러한 앱은 친구들과 서로 공유할 수도 있다.

검색한 앱은 마우스로 선택한 후에 이용할 수 있다. 일부 '모바일' 앱은 유료인 경우도 있다.

① 장소

'장소'앱은 페이스북에서 콘텐츠 생성 시, 자주 사용되는 기본적인 앱 중 하나로서 지도 기능이다. 지도에 사진을 첨부하거나, 사진에 지도를 첨부 하는 기능이 있으며 특정 지역(예를 들면 제주도)에서 찍었던 사진을 앨범처럼 저장할 수 있다. '장소'앱은 전 세계 지도를 기본 바탕으로 하고 있으며, 지도는 주변의 건물이름은 표시하지 않지만 도로번호는 표시한다. 위의 그림처럼 가보았던 장소를 입력하면 지도는 자동으로 확대된다.

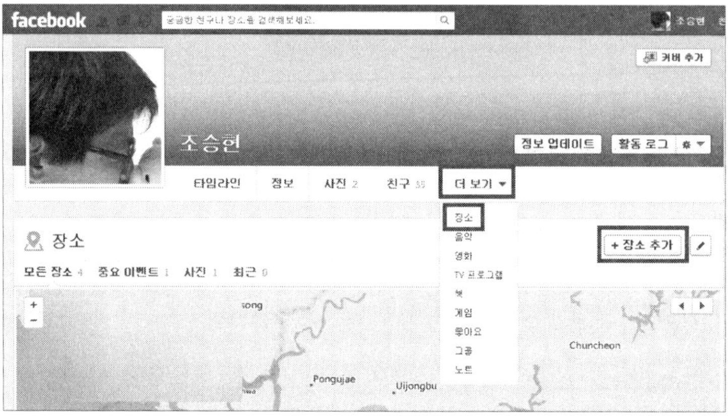

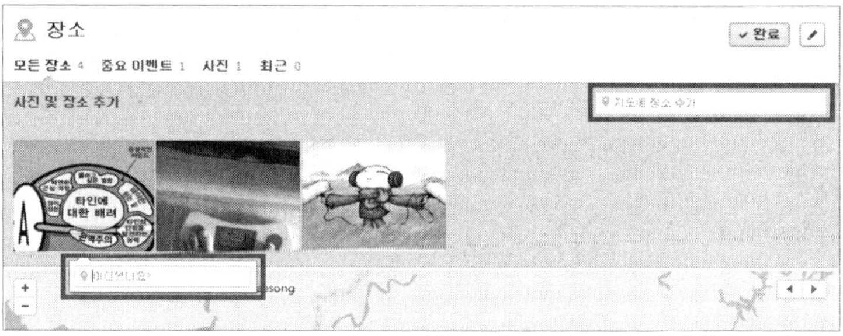

업로드한 사진을 선택하면 사용자는 사진에 '장소'에 대한 정보를 추가할 수 있고, 장소를 선택하여 아래의 그림과 같이 간단한 글쓰기, 사진, 시간 등을 입력할 수 있다. 또한 지도에서 선택한 부분을 사진파일로 추출하여 컴퓨터에 저장도 할 수 있다.

② 노트

페이스북에서 노트기능은 사용자가 글을 작성할 때, 추가적으로 공유할 글이 있을 때 사용하는 기능이며 노트의 글자 수 제한은 없다.

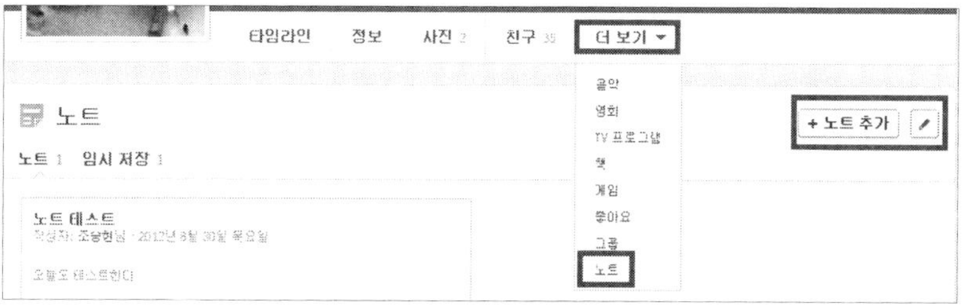

하지만 노트로 작성된 글은 나의 '뉴스피드'에 표시가 되며 공개 범위 여부에 따라 다른 친구들도 노트의 내용을 볼 수 있다. 노트의 기능은 긴 글이나 정보를 공유하기 위해 사용하기 편리하며 자신의 일기장으로도 사용할 수 있다.

페이스북의 이러한 기능은 공유할 수 있는 용량의 한계를 극복하기 위한 것으로 기존 블로그의 장점을 흡수하기 위한 기능이라 볼 수 있다.

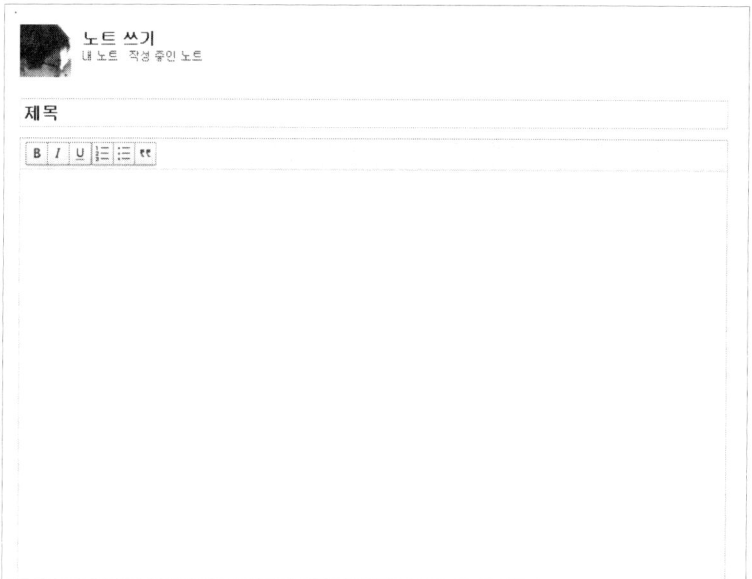

③ 콕 찔러보기

페이스북에서 친구가 오랫동안 연락이 뜸하거나 특별한 이유 없이 부르고 싶을 때는 '콕 찔러보기'라는 기능을 이용할 수 있다. 이 기능은 앞서 소개한 기능들처럼 특수한 기능을 제공하는 것은 아니지만, 상대방에게 알림 메시지를 전송하기 때문에 특별한 이유 없이 친구를 불러보고 싶을 때 사용할 수 있다.

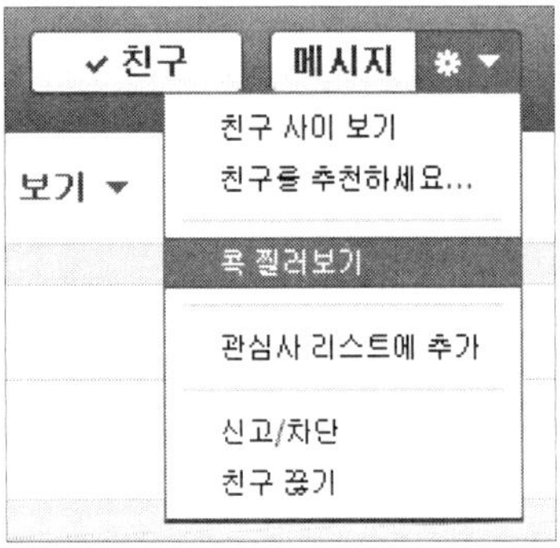

위의 그림과 같이 **[콕 찔러보기]** 버튼을 사용하여 자신의 친구를 찔러보면 페이스북 알림에 표시된다.

02 페이스북 툴바 사용하기

페이스북에서는 페이스북을 좀 더 편리하게 사용 할 수 있도록 하는 툴바가 존재한다. 툴바란 자주 이용하는 기능을 직접 기동할 수 있게 버튼을 만들어 나란히 모아놓은 메뉴를 뜻한다. 툴바를 사용하면 인터넷 브라우저 상단에 페이스북의 기본 메뉴가 표시되므로 좀 더 쉽게 페이스북을 이용할 수 있다.

03 페이지 만들기

페이스북은 서로의 담벼락을 이용하여 소통하는 SNS 서비스이기 때문에 마케팅 용도로써는 어느 정도의 한계가 있다. 하지만 '페이지' 기능을 이용하여 좀 더 마케팅 용도로 사용이 가능하다. '페이지'기능을 활용하면 특정 상품이나 회사 또는 자신을 좀 더 시각적으로 표현할 수 있다.

위의 그림과 같이 **[페이지 만들기]** 버튼을 선택하면 아래의 그림과 같은 메뉴를 볼 수 있다.

페이지의 종류는 다양하게 있다. 장소, 회사, 기관, 제품, 공연, 자선단체, 엔터테인먼트 등 총 6가지로 구분된다. 자신만의 페이지 또는 특정 광고용 페이지를 만들기 위해 하나를 선택하여 만들 수 있다.

페이지 생성 절차가 완료되면 위의 그림과 같이 자신의 '페이지' 공간이 생긴다. **[페이지 관리]**를 통하여 정보 업데이트, 권한 관리, 관리자 역할, 알림 관리 등을 통하여 관리가 가능하다.

PART

02

트위터(Twitter)

1) 트위터 시작하기

01 트위터 소개하기

트위터(http://www.twitter.com)는 140자 이내의 짧은 문장을 통해, 전 세계의 트위터 사용자와 대화할 수 있는 소셜네트워크서비스(SNS, Social Networking Service)이다. 트위터는 '새가 지저귀다, 재잘거리다'라는 뜻을 가지고 있으며, 2006년부터 미국에서 서비스되기 시작했다. 그 후 빠른 속도로 전 세계에서 큰 인기를 끌었다. 현재 유명한 정치인부터 연예인, 스포츠선수, 마케터 등 다양한 사람들이 사용하고 있으며, 전 세계적으로 하루에 1억 4천만 명의 사용자가 3억 4천만 트윗(tweet)을 통해 이야기를 나누고 있다. 트윗이란 트위터에서 작성된 단문 메시지를 말한다. 트위터에서는 140자로 트윗의 문자수를 제한하고 있는데 이는 트윗이 휴대전화의 SMS(Short Message Service)에서 출발하기 때문이다. SMS의 일반적인 문자 제한은 160자이나 여기에서 '사용자명'에 필요한 20자를 제외하면 140자가 된다. 또한, 영문은 1글자에 1byte, 한글 및 특수문자는 1글자에 2byte이기 때문에 한글 1글자를 2자로 계산하는 것이 보편적이나 트위터에서는 모든 글자를 전부 동일한 글자 수로 계산한다는 특징이 있다.

02 트위터 가입하기

트위터는 이메일 계정만 있으면 누구나 가입이 가능하다. 홈페이지 메인화면의 **[트위터에 가입하세요!]** 버튼을 선택하면 회원가입 페이지로 이동한다.

① 기본정보 입력하기

사용자는 자신이 사용할 계정의 이름, 이메일 주소, 비밀번호, 사용자 아이디를 입력하고 **[가입하기]** 버튼을 클릭한다. 그러면 입력한 이메일 주소로 링크 주소가 발송된다. 사용자는 이메일을 통해 받은 링크 주소를 클릭함으로써, 회원가입 승인을 받을 수 있다.

② 트위터 시작하기

[가입하기] 버튼을 누르면, 트위터를 원활하게 사용하기 위한 기본적인 사항들에 대해 단계적으로 확인할 수 있다.

③ 팔로우 하기

트위터를 사용하기 위해서는 기본적으로 소통할 수 있는 팔로워들이 필요하며 이를 위해 처음 세 단계를 통해 이미 트위터에서 활동 중인 사람들을 팔로우 할 수 있다.

팔로우란 영어 단어 'Follow'를 한글로 풀어쓴 것으로 '따르다'라는 의미를 지니고 있다. 예를 들어 A가 B를 팔로우 한다고 가정하자. 그러면 B가 만약 새로운 글을 쓰는 경우, 그 글은 A에게도 자동적으로 전달이 된다. 그러나 B는 A를 팔로우 하지 않고 있기 때문에 A가 쓰는 글이 B에게 자동으로 전달되지는 않는다.

팔로우 기능은 일방향성이다. 유명인들의 경우 팔로워들이 많은데, 예를 들어 소설가 이외수가 백만 팔로워를 지니고 있다고 하면, 이는 이외수가 어떤 글을 쓰면, 그 글이 순식간에 백만명에게 전달된다는 뜻이다.

④ **프로필 작성하기**

다른 사람과 관계를 맺기 위해 필요한 정보는 상대방의 사진과 자기소개 문구이다. 더 많은 사람들과 관계를 맺기 위해서 이 단계에서는 자신을 표현하기 위한 이미지를 업로드하며, 자신의 프로필을 작성한다.

⑤ **트위터 가입 승인**

앞선 단계를 통해 사용자는 트위터를 사용하기 위한 기본적인 사항들이 설정되었다. 사용자는 회원가입 시 입력한 이메일로 가입승인을 위한 메일을 수신한다. 메일에 첨부된 링크를 선택하면 자신의 트위터 계정을 승인받게 된다. 계정승인 후 트위터의 모든 기능을 사용할 수 있고, 이메일 주소가 트위터 계정으로 정식 등록된다.

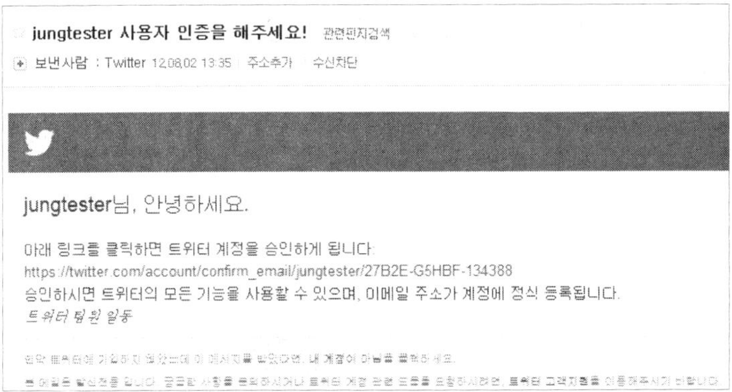

03 로그인과 로그아웃하기

트위터 사이트로 이동하여 아이디(또는 이메일 주소)와 비밀번호를 입력한 후 **[로그인]** 버튼을 선택하면 로그인을 할 수 있다. 로그아웃은 메인 화면의 오른쪽 상단 사람모양 아이콘을 선택하면 나오는 메뉴에서 **[로그아웃]** 버튼을 선택한다.

04 프로필 작성하기

사용자는 프로필 작성을 위해 트위터에 로그인한 후 오른쪽 상단의 사람모양 아이콘을 선택, 나타나는 메뉴에서 **[설정]**을 클릭한다. 설정 페이지의 다섯 번째 탭인 **[프로필]**을 클릭하면 사용자 프로필 작성이 가능하다. 사용자는 프로필 사진, 이름, 위치, 홈페이지 주소, 자기소개 등을 등록할 수 있으며, 자신의 페이스북 계정과 연동설정을 할 수 있다. 해당 내용을 작성한 후 페이지 하단에 있는 **[변경사항 저장하기]**를 클릭하여 작성을 완료한다.

05 계정 설정하기

사용자가 트위터에 로그인한 후 오른쪽 상단에 사람모양 아이콘을 선택하면 나타나는 메뉴에서 **[설정]**을 클릭한다. 설정 페이지의 '계정', '비밀번호', '모바일', '이메일 알림' 탭을 이용하여 계정에 관한 여러 가지 설정을 할 수 있다.

① 계정

설정 페이지의 첫 번째 탭인 **[계정]**을 클릭하면 환경설정이 가능하다. 등록된 정보 중 사용자 아이디와 이메일 주소를 변경할 수 있고, 다른 사용자들이 이메일 주소로 자신을 검색할 수 있도록 설정이 가능하다. 또한 '트윗에 위치 정보 추가하기'의 체크박스를 선택하면, 앞으로 작성하는 트윗에 자신의 현재 위치 정보를 추가할 수 있다.

'미디어 트윗하기'에서 '내 미디어를 민감한 내용의 컨텐츠로 표시하기'를 선택하면 트윗에 사진이나 동영상 등의 미디어를 포함하는 경우, 다른 유저가 그 트윗을 확인할 때, 미디어를 곧장 보여주지 않고, 경고 메시지를 먼저 보여주도록 할 수 있다.

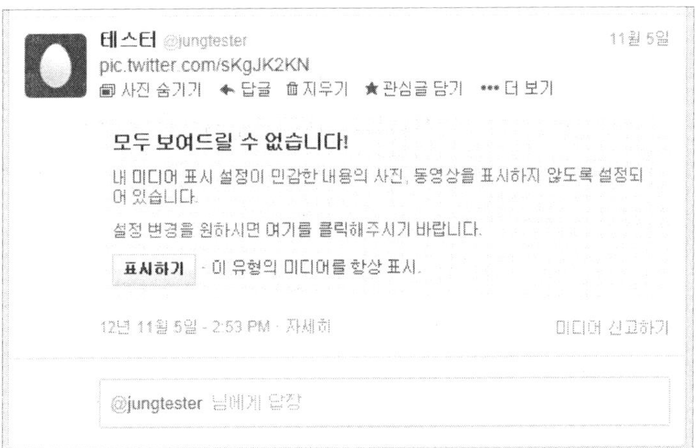

만약 다른 유저가 올린 민감한 미디어를 경고메시지 없이 곧장 확인하기를 원한다면 '민감한 내용의 미디어 표시하기'를 선택하면 된다. 그러면 경고메시지 없이 곧장 트윗에 포함된 미디어를 보여준다.

'트윗 비공개'의 '내 트윗을 비공개'를 선택하면, 자신이 승인한 유저만이 자신의 트윗을 확인할 수 있게 설정된다.

'맞춤형 서비스'의 '최근 인터넷 사이트 방문 기록을 바탕으로 나만의 트위터 서비스 즐기기'를 선택하면, 트위터에서 팔로우 추천시 최근 유저가 방문한 웹사이트를 바탕으로, 해당 웹사이트를 방문한 다른 트위터 사용자들이 많이 팔로우한 계정을 추천해준다.

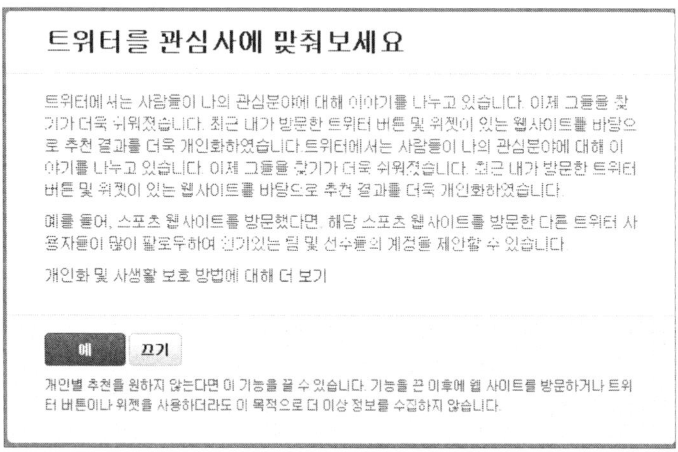

'비밀번호 재설정'의 '비밀번호를 재설정할 때 내 정보를 확인하기'를 선택하면, 이후, 비밀번호를 재설정할 때, 유저의 이메일 주소나 전화번호를 추가적으로 입력하는 과정을 거친다.

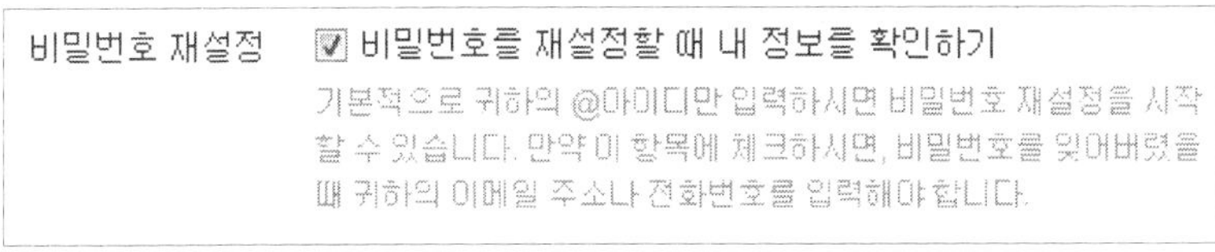

변경 완료 후 **[변경사항 저장하기]**를 클릭한 후 비밀번호를 입력하여 설정을 완료한다.

② 비밀번호

'비밀번호' 탭에서는 현재 사용하는 계정의 비밀번호를 변경할 수 있다. 현재 비밀번호와 새로운 비밀번호를 입력한 후, **[변경사항 저장하기]**를 클릭하여 비밀번호를 변경한다.

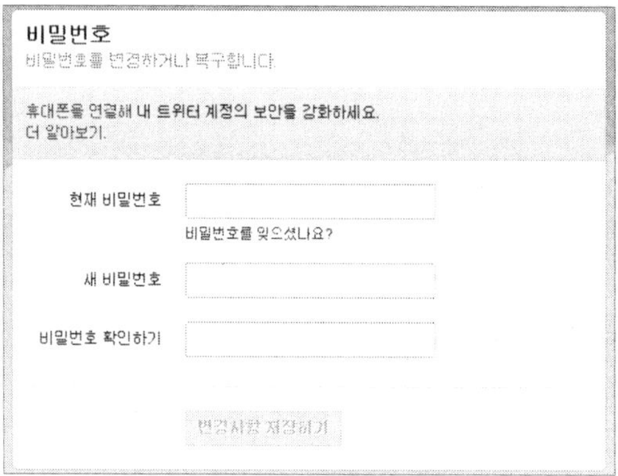

③ 모바일

이 탭에서는 자신이 사용하는 휴대폰을 계정과 연결할 수 있다. 사용하는 휴대폰의 지역과 이동통신사, 휴대폰 번호를 입력하고 휴대폰 활성화를 하면 문자메시지를 통해 자신의 계정에 트윗을 남길 수 있다. 현재는 LG U+인 경우에만 기능이 제공된다.

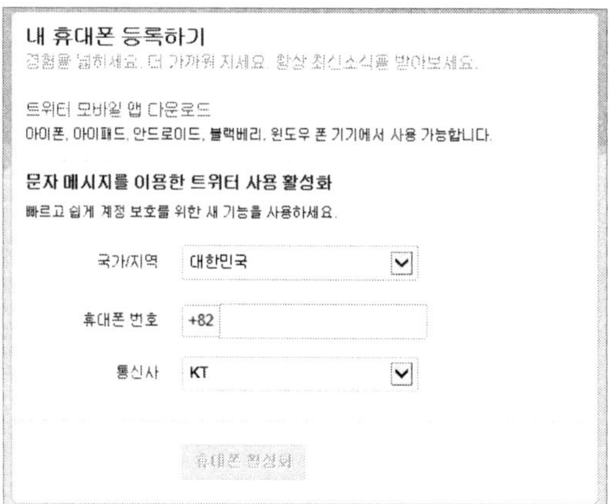

④ 이메일 알림

이 탭을 통해 내 트윗이 타인에 의해 관심글로 등록되었을 때나 리트윗 되었을 때, 다른 사용자가 나를 팔로우했을 때 등의 상황에 이메일로 알림을 받을 것인지를 설정할 수 있다.

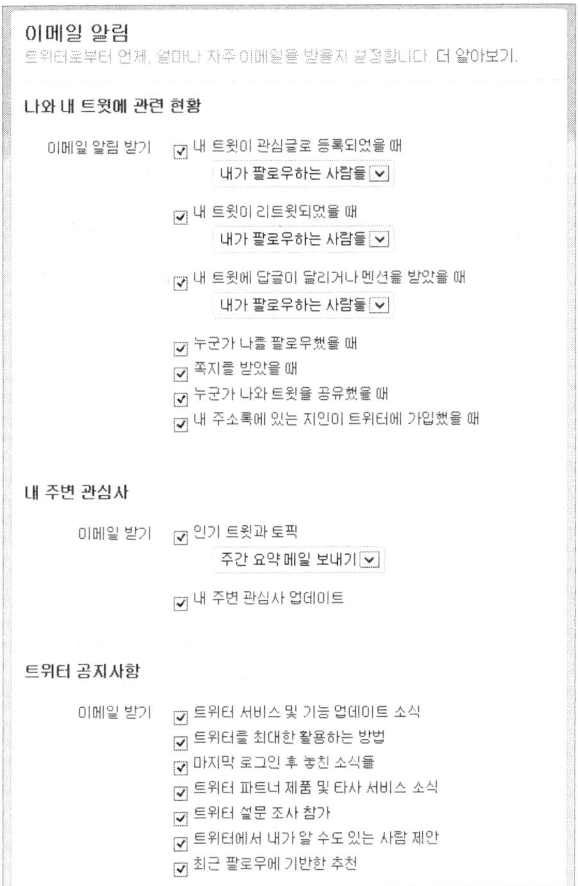

06 계정 비활성화와 탈퇴하기

트위터의 계정 비활성화와 탈퇴하기는 아래 그림과 같이 설정 메뉴 하단의 **[트위터 회원 탈퇴하기]** 버튼을 통해 신청할 수 있다.

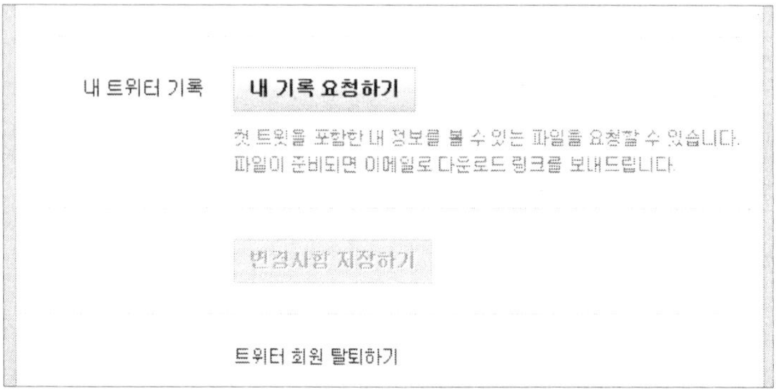

[트위터 회원 탈퇴하기]를 클릭하면 다음 그림과 같이 계정을 비활성화할 것인지를 묻는다. 이에 비활성화 버튼을 클릭하면 계정은 30일간 비활성화되며 그 후 영구 삭제된다. 하지만 30일 이내에 로그인을 하면 계정을 다시 활성화시킬 수 있다.

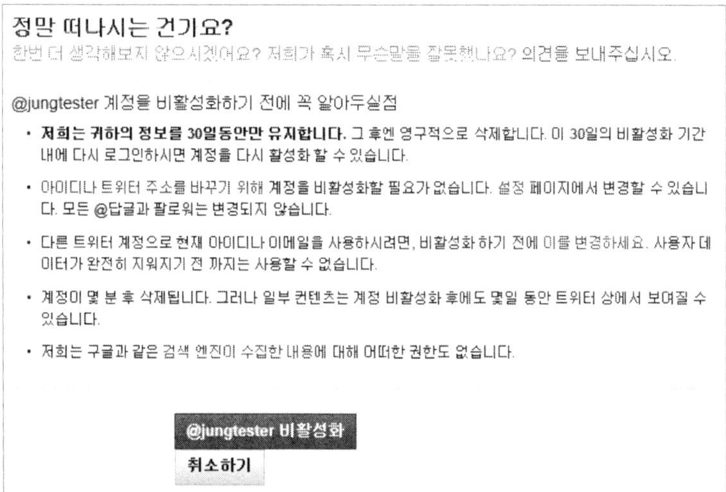

사용자가 작성한 콘텐츠 역시 타인에게 공개되지 않는 상태로 임시 보관되었다가 30일 이후 삭제된다. 하지만 사용자가 작성한 콘텐츠에 타인이 댓글을 단 경우에는 콘텐츠가 삭제되지 않으며, 타인이 공유한 콘텐츠 역시 삭제되지 않는다. 또한 사용자가 타인의 글에 작성한 댓글도 삭제되지 않는다.

2) 트위터 친구 맺기

01 인물 검색하기와 친구 찾기

① 인물 검색하기

트위터의 메인 화면 우측 상단에 다음과 같이 찾고 싶은 인물의 이름을 입력하면 그 이름을 가진 인물을 찾을 수 있다.

페이스북과 마찬가지로 트위터도 별도의 인증과정을 거치지 않는다. 이로 인해 최근 트위터에서도 유명인을 사칭하는 경우가 많아 문제가 되고 있다. 유명인들의 경우 기본적인 개인정보는 여러 포털사이트 및 인터넷 등을 통해 공개가 되어 있기 때문에 사칭이 더욱 쉽다. 따라서 트위터에서 사람을 검색하고 팔로우 할 때에는 그 사람이 정말 본인이 맞는지 신중하게 생각하고 결정해야 한다.

② 친구 찾기

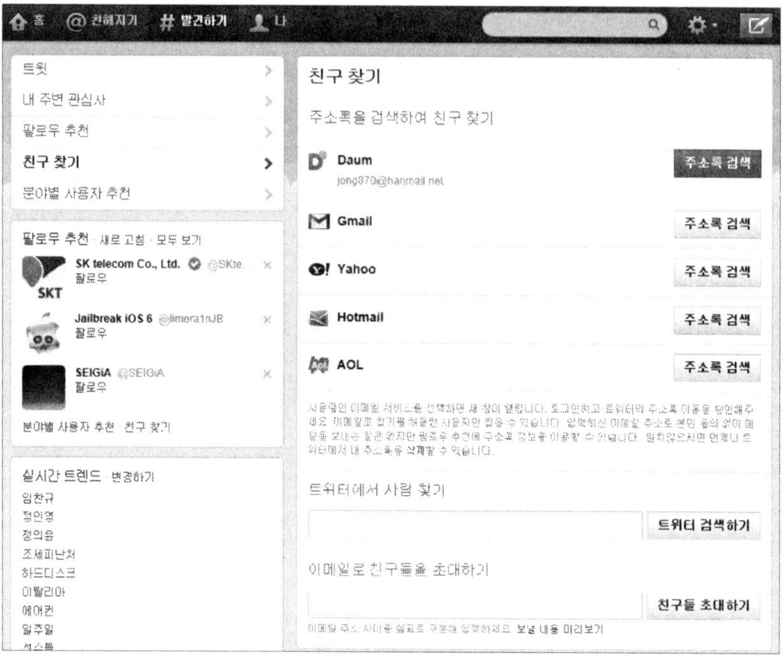

트위터 또한 기존 자신의 이메일 계정에 등록되어 있는 주소록을 통해 친구를 찾을 수 있는 기능을 제공한다. 위 화면은 이메일 계정에 포함된 주소록을 통해 친구를 찾는 기능을 나타낸다.

좌측 상단 **[발견하기]**를 클릭하고, 좌측 메뉴에서 '친구 찾기' 탭에서 이름, 아이디, 메일 주소 등을 통해 원하는 인물을 찾을 수 있다.

02 팔로우 추천

페이스북의 친구 추천과 마찬가지로 트위터도 '팔로우 추천'기능을 제공한다. 본 기능은 **[발견하기]**의 '팔로우 추천' 탭에서 사용할 수 있다. 트위터 또한 사용자의 현재 팔로잉을 기반으로 새로운 팔로우를 추천해준다.

03 팔로우하기

트위터 사용자는 팔로우 시스템을 통해 인맥관계를 형성한다. 팔로우 시스템에서는 한 사람이 다른 사람에게 팔로우를 신청할 경우 신청을 받은 사람은 팔로잉, 신청을 한 사람이 팔로워가 되는 팔로우 관계가 형성된다.

① 팔로우하기

사용자는 홈페이지 검색란이나 친해지기 페이지에서 이름을 검색하여 인맥을 맺고자 하는 사람을 찾을 수 있다. 또는 브라우저에 직접 트위터 아이디를 입력하여 인맥을 맺고자 하는 사람을 찾을 수 있다. 이메일 주소록의 연락처를 연동하여 트위터에 가입한 지인을 찾는 기능을 지원하며, 팔로우 추천 목록을 통해 유명 인사들에게 팔로우를 신청할 수 있다. 다양한 방법을 통해 팔로우를 맺고자 하는 사람을 찾은 후 **[팔로우]** 버튼을 선택하면 팔로우 신청이 완료된다.

페이스북과 달리 팔로우 기능은 일방향성이며, 무조건적이다. 예를 들어 A가 B에게 팔로우 신청을 하는 경우, A의 신청은 무조건 받아들여진다. B는 A가 자신을 팔로우 하는 순간을 확인할 수 없으며, 자신이 팔로우 자체를 거부할 수 있는 권한 또한 없다. 따라서 트위터에 게시하는 글은 무조건 공개된다고 생각하고 작성해야 한다.

② 맞팔로우하기

맞팔로우는 팔로우 관계에서 팔로잉이 팔로워에게 팔로우를 신청하는 경우를 말한다. A가 B를 팔로우하고 B가 A를 팔로우하는 경우가 바로 맞팔로우 관계이다. 이 경우 사용자들이 서로 서로 쪽지 등을 쉽게 주고받을 수 있는 장점이 있다.

04 팔로우 관리하기

홈페이지 좌측 상단에서 팔로잉을 클릭하면 내가 팔로우한 유저들의 목록을 확인할 수 있다. 여기서 우측 메뉴를 통해 차단 등의 설정을 할 수 있다.

트위터에서 팔로우는 거부할 수 없는 기능이기 때문에 특정 사용자에게 자신의 글을 공개하고 싶지 않다면 해당 사용자를 차단하는 수밖에 없다. 그러나 소설가 이외수씨를 보면 트위터에 게시하는 글들이 트위터 뿐만 아니라 언론을 통해서도 널리 퍼지기 때문에 본 기능의 유효성은 미덥지 않다. 트위터는 공개된 공간이고, 나의 글 또한 모두가 볼 수 있다는 점을 항상 유의해야 한다.

05 언팔로우하기

언팔로우는 팔로우 관계를 해지하는 것이다. 자신의 팔로잉 목록에 있는 사용자 아이디 옆의 파란색 **[팔로잉]** 버튼에 마우스를 가져가면 빨간색 **[언팔로우]** 버튼으로 바뀌는데, 해당 버튼을 클릭하여 팔로우 관계를 해지한다.

3) 콘텐츠 생성 및 관리하기

01 새 트윗 작성하기

① 트윗 작성하기

사용자는 트윗을 작성하여 자신이 남기고 싶은 메시지를 남길 수 있다. 홈페이지 좌측 상단의 '새 트윗 작성' 란에 메시지를 남겨 트윗을 작성한다.

또한, 사용자는 '@멘션'을 이용하여 메시지 중간에 '@아이디' 형식으로 다른 사용자를 언급할 수 있다. 멘션을 받은 사용자는 작성자를 팔로우하지 않아도 해당 글을 본인의 @멘션과 @반응 탭에서 볼 수 있다. 본 기능은 일종의 대화 또는 덧글 정도로 생각할 수 있다.

② 트윗 관리하기

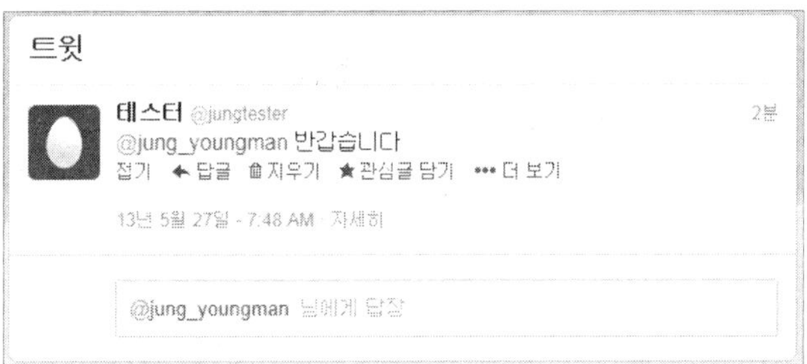

유저는 작성된 트윗에 크게 세 가지 설정을 할 수 있다. **[덧글]** 버튼을 누르면, 트윗 하단의 대화상자가 활성화되며 트윗에 대한 글을 남길 수

있다. 또한, **[지우기]** 버튼을 통해 작성된 트윗을 삭제할 수 있으며, **[관심글 담기]**를 통해 트윗을 나의 관심글 목록에 추가할 수 있다.

콘텐츠를 삭제하는 경우 사용자는 본인이 작성한 콘텐츠와 덧글만 삭제가 가능하며, 자신이 작성한 콘텐츠에 타인이 남긴 덧글은 삭제할 수 없다. 간혹 삭제된 콘텐츠가 검색 결과에 일시적으로 보이는 경우도 있으나, 시간이 지나면 완전히 삭제된다.

삭제된 콘텐츠가 리트윗되거나 타인의 관심글에 담긴 경우에는 리트윗된 콘텐츠와 관심글에 담긴 콘텐츠가 모두 함께 삭제된다. 하지만 콘텐츠를 삭제하더라도 해당 콘텐츠의 덧글은 삭제되지 않는다.

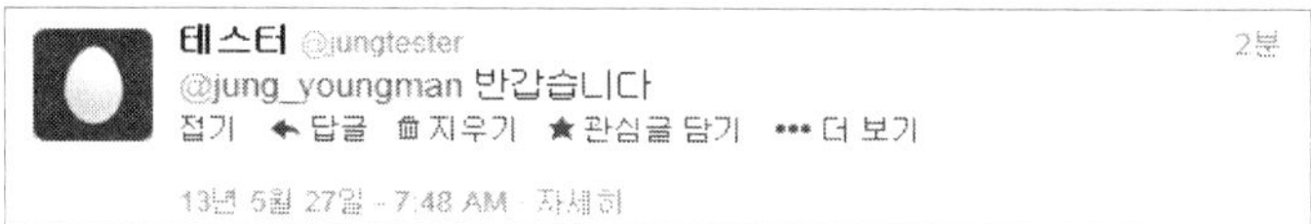

02 트윗에 이미지 첨부하기

① 이미지 첨부하기

트윗 작성 시 입력창 좌측 하단에 카메라 아이콘을 선택하면 이미지 첨부가 가능하다. 첨부하는 이미지의 사이즈는 3MB 이하로 제한되며, 창 크기에 맞게 비율이 자동 조정된다. 이미지와 트윗 내용을 입력한 후 **[트윗하기]**를 클릭하면, 이미지를 첨부한 트윗이 작성된다.

② 이미지 관리하기

이미지가 첨부된 트윗 역시 앞서 설명한 일반적인 트윗과 마찬가지로 관리된다.

03 트윗에 동영상 첨부하기

동영상 첨부하기

트위터에서 동영상을 공유하려면 먼저 트위터와 연동된 제3의 웹사이트에 업로드해야 한다. 트윗비드, 와이프로그, 유투브 등의 사이트에 동영상을 올리면 자신의 트위터에서 확인가능하다. 동영상의 주소 링크를 작성하는 트윗에 첨부할 수 있다.

즉 트위터 상에서 게시하는 동영상은 실제로는 다른 서버에 저장이 되며, 트위터 상에서는 다른 서버에 저장된 동영상에 대한 링크만 공유할 수 있다.

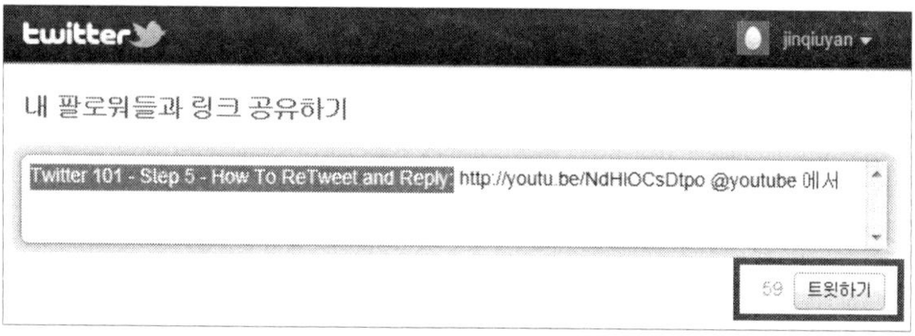

동영상 관리하기

동영상이 첨부된 트윗 역시 앞서 설명한 일반적인 트윗과 마찬가지로 관리된다.

04 트윗에 기타 콘텐츠 첨부하기

① 링크

트윗 작성 시 다른 콘텐츠의 링크 주소를 첨부할 수 있다. 트윗 시 첨부된 링크 주소는 19자로 자동 단축된다. 단축된 링크 주소는 기존의 형태와 많이 다르다. 예를 들어 www.naver.com는 네이버의 웹주소로 사용자는 주소에서 이미 주소가 의미하는 바를 어느 정도 유추할 수 있다. 그러나 단축된 주소는 의미없는 문자들의 나열이기 때문에 어떤 웹사이트로 연결될지 알 수 없다. 이로 인한 여러 가지 위협들이 현재 많이 등장하고 있기 때문에 의심스러운 링크는 클릭하지 않는 편이 좋다.

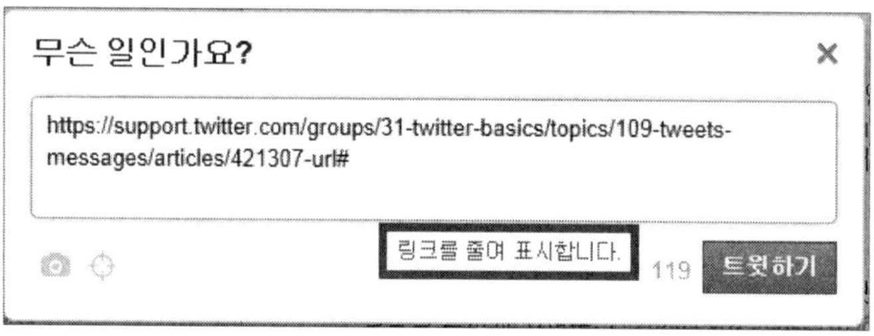

② 위치

트윗 작성 시 입력창 좌측 하단에 위치 아이콘을 선택한 후 하단에 나타나는 위치 탭 중 현재 위치를 선택한다. 한국에서는 아직 지원되지 않는 서비스다.

4) 친구와 소통하기

01 덧글 달기

트위터는 게시된 모든 콘텐츠를 전체 공개한다. 트위터는 콘텐츠에 대한 접근권한을 제공하지 않으며, 게시된 콘텐츠는 팔로워와 타인 모두 접근이 가능하다. 아래 그림은 트위터의 콘텐츠 접근 허용 범위에 대한 기본 개념도를 나타낸다.

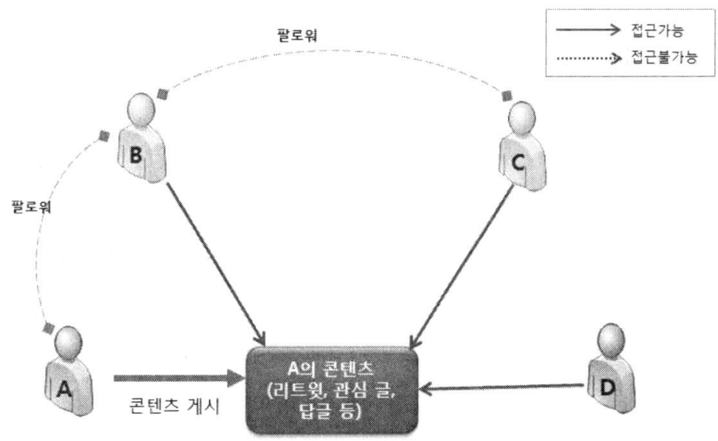

작성된 트윗에 @멘션 형식으로 응답하는 글을 덧글이라 한다. 사용자는 덧글을 달고 싶은 트윗을 확인한 후 **[덧글]** 버튼을 선택한다. 내용을 작성하고 **[트윗하기]**를 클릭하면 덧글이 전송된다. 다른 사용자에 대한 덧글은 작성자와 덧글의 수신자를 동시에 팔로우하는 경우에만 자신의 타임라인에 올라온다.

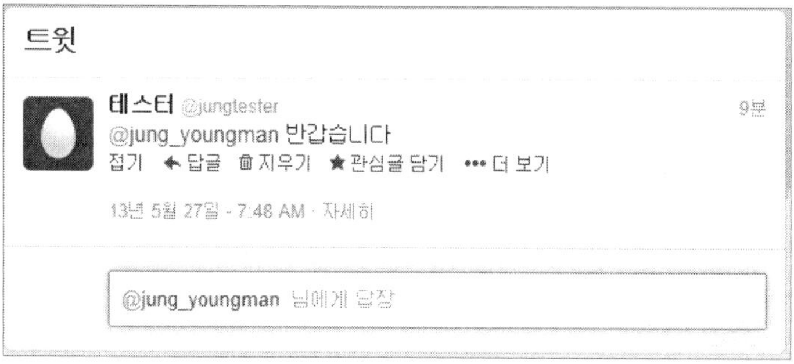

02 팔로우가 남긴 글 리트윗하기

리트윗은 사용자가 특정 트윗을 자신의 팔로워 모두와 공유할 수 있는 방법이다. 공유를 원하는 트윗의 리트윗 링크를 선택하면 해당 트윗이 팔로워에게 전달된다. 이 때, 리트윗된 콘텐츠는 전체 공개된다.

트위터는 다른 SNS에 비해 정보의 확산속도가 무척 빠른데, 그 이유가 바로 이 리트윗 때문이다. 만약 소설가 이외수씨가 글을 하나 썼다고 가정하자. 그러면 일단 이 글은 백만명의 팔로워들에게 전달된다. 그리고 팔로워 중 A가 이 글을 리트윗을 하면 다시 해당 내용이 A의 팔로워들에게 확산된다. 백만명의 팔로워 중 1/3만 리트윗을 한다고 해도 전파속도 및 범위는 엄청나다. 리트윗은 트위터의 가장 큰 특징이다.

팔로워가 중복되는 경우 동일한 글이 반복해서 자신의 타임라인에 등장할 수 있는데 이 때 해당 글의 **[리트윗됨]**을 클릭하면 다시 반복되지 않는다.

03 관심글 담기

사용자가 트윗의 **[관심글 담기]**를 클릭하면, 해당 트윗을 자신의 프로필 페이지 메뉴 '관심글'에서 확인할 수 있다. 또한 다른 사용자의 프로필 페이지 메뉴 '관심글'에서 해당 사용자의 관심글을 볼 수 있다.

트위터는 하루에도 수많은 게시글이 등장하기 때문에 나중에는 자신이 원하는 글을 찾기가 힘들다. 본 기능은 관심있는 글, 오래 보고 싶은 글을 남겨두고 싶을 때 유용하다.

04 쪽지 보내기

쪽지는 트위터에서 자신의 팔로워들에게 보내는 비공개 메시지다. 화면 상단의 사람모양 아이콘을 선택 한 후 **[쪽지]**를 클릭한다. 새로운 팝업 창에서 **[새 쪽지]** 버튼을 클릭한 후 쪽지를 받을 사람의 아이디와 내용을 작성한다. **[쪽지 보내기]** 버튼을 클릭하면 쪽지가 전송된다.

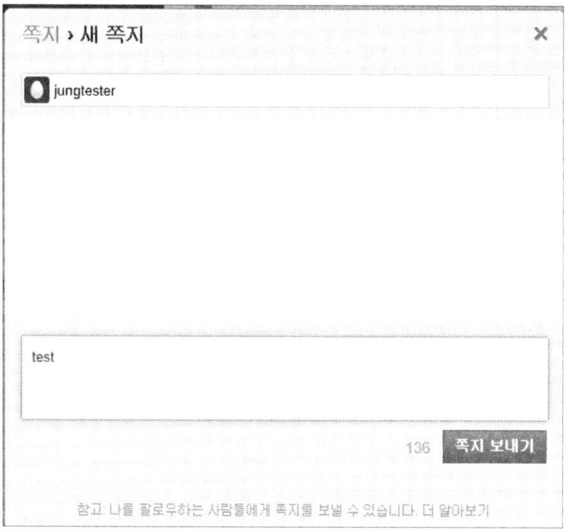

쪽지는 타임라인이나 검색 결과에 보이지 않는다. 쪽지를 받는 사람의 쪽지함에서만 확인할 수 있다. 보낸 사람이 쪽지를 지울 경우, 보낸 사람과 받는 사람의 트위터에서 쪽지가 삭제된다.

5) 부가서비스 활용하기

01 리스트 활용하기

사용자는 팔로우 관계인 사용자들을 리스트 별로 관리할 수 있다.

① 리스트 만들기

사용자가 페이지 상단의 **[나]**를 선택한 후 **[리스트]**를 선택하면 리스트 페이지로 이동한다. 리스트 페이지의 **[리스트 만들기]**를 클릭한 후 리스트 이름과 설명의 공개여부를 선택한 뒤 **[리스트 저장하기]** 버튼을 클릭하면 리스트가 생성된다.

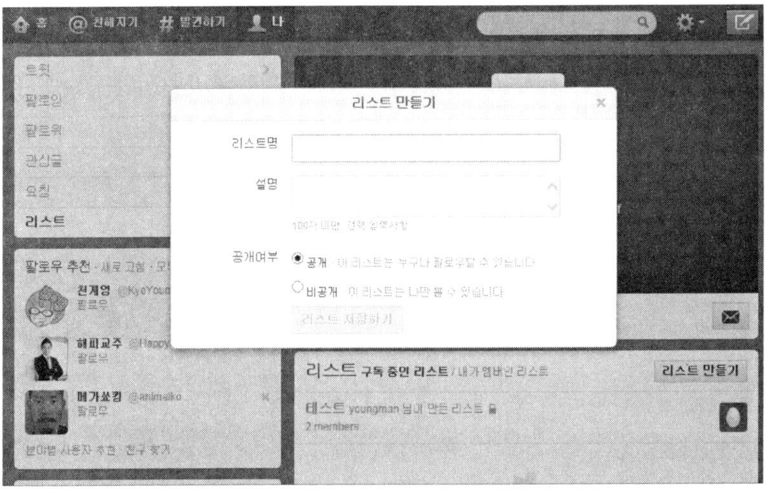

② 리스트에 사용자 추가 / 제거

사용자는 리스트에 추가하고 싶은 사용자의 사람모양 아이콘을 선택 후 리스트에서 **[추가 / 제거하기]**를 선택한다. 생성한 리스트 중 하나를 선택하면 사용자가 선택한 해당 리스트에 추가된다. 리스트에 있는 사용자를 제거하는 방법은 사용자 추가와 동일한 방법으로 리스트에서 **[추가 / 제거하기]**를 선택한 후 선택한 리스트를 해제한다.

③ 리스트 구독하기

트위터에서 다른 사용자의 리스트를 구독할 수 있다. 다른 사용자의 리스트 페이지에서 **[구독하기]** 버튼을 클릭하면 자신의 리스트 목록에 해당 리스트가 추가된다. 구독하기와 같은 방법으로 구독을 취소할 수 있다.

02 나만의 트윗 확인하기

'트윗'은 홈페이지 왼쪽 상단의 **[발견하기]**를 통해 확인할 수 있다. **[발견하기]**를 누른 후 왼쪽 상단의 **[트윗]**을 클릭한다. '실시간 트렌드' 옆 **[변경하기]**를 클릭하면 원하는 국가, 도시를 선택할 수 있다. '트윗'은 유저가 선택한 지역과 최근에 관심있게 봤던 트렌드를 종합하여 유저에게 실시간 트렌드를 보여준다.

03 분야별 사용자 추천 확인하기

'분야별 사용자 추천'은 홈페이지 왼쪽 상단의 **[발견하기]**를 통해 확인할 수 있다. **[발견하기]**를 누른 후 왼쪽 상단의 **[분야별 사용자 추천]**을 선택한다. 우측 검색박스에 관심 있는 주제를 선택하면 그 주제와 관련한 트위터들이 검색된다.

04 페이스북 연동하기

트위터 설정 메뉴의 '프로필'에서 페이스북과 연동 설정을 할 수 있다. 우측 하단의 **[Facebook과 연동하기]**를 클릭한다.

페이스북과의 연동을 위해서는 페이스북 계정으로 로그인한 후 **[허용하기]**를 클릭한다. 연동이 완료되면 프로필 페이지 하단의 **[변경사항 저장하기]**를 클릭한다.

05 키보드 단축키 활용하기

오른쪽 상단 메뉴를 통해 **[키보드 단축키]**를 클릭할 수 있다.

이 메뉴를 통해 트위터 활용에 유용한 여러 가지 단축키들을 확인할 수 있다.

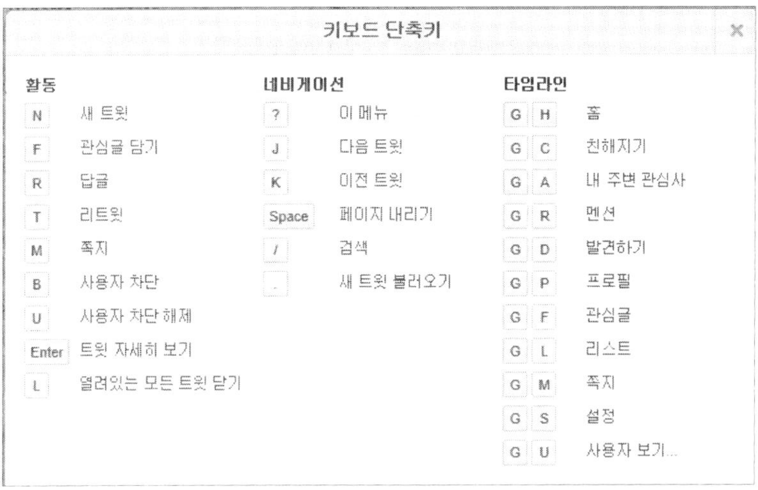

06 디자인 설정하기

트위터 설정 메뉴의 '디자인'에서는 자신의 계정으로 로그인했을 때 보여지는 테마를 설정할 수 있다.

기본적으로 이미 만들어져 있는 테마 중에서 한가지를 선택할 수 있고, 유저가 직접 색상과 테마에 쓰일 이미지를 선택할 수도 있다.

모든 선택을 마친 후 **[변경사항 저장하기]**를 클릭하면 디자인이 변경된다.

PART

03

미투데이(me2day)

1) 미투데이 시작하기

01 미투데이 소개하기

미투데이(http://www.me2day.net)는 국내의 대표적인 소셜 네트워크 서비스 중 하나로 2007년 2월 처음 서비스를 시작하였으며 2008년 12월 NHN이 인수했다. NHN 인수 당시 미투데이 가입자 수는 2만 8000여명에 불과했으나 연예인 중심의 홍보 마케팅을 펼치면서 이용률이 급증해 현재 약 9백만 명의 회원을 보유하고 있다. 미투데이는 스몰 토크 커뮤니케이션(small talk communication)을 지향하는 서비스로 잦은 소소한 대화가 친밀감과 신뢰를 만든다는데 서비스의 취지를 두고 있다. 따라서 미투데이는 150자 이내의 짧은 글을 올리도록 하고, 이런 글들에 대해 '미투' 버튼을 선택하여 동감함을 나타내거나 댓글을 추가함으로써 활발한 쌍방향 소통을 가능하게 한다. 또한 미투데이는 개방형 서비스로 모든 글과 친구정보를 공개한다는 특징을 갖는다.

02 미투데이 가입하기

미투데이 메인화면의 **[미투데이 아이디로 회원가입]**을 선택하면 미투데이 회원 가입 페이지로 이동한다.

미투데이 회원가입을 위해 필수적으로 입력해야 하는 정보는 미투데이 주소, 닉네임, 비밀번호, 이메일 등이다. 필수 입력 정보 외에 프로필과 위치 정보 등은 선택적으로 입력할 수 있으며, 가입 후 마이미투의 환경 설정에서 수정이 가능하다. 미투데이의 경우 휴대폰 번호를 등록하면 문자메시지 서비스를 제공 받을 수 있으며, 휴대폰 등록을 위해서는 입력한 휴대폰 번호로 발송된 인증번호를 화면에 입력하는 인증과정이 필수적이다.

또한 미투데이 가입을 위해서는 반드시 이메일 인증을 받아야 한다. 회원가입 시에 등록한 이메일에 가입 확인 메일이 도착해 있을 것이다. 가입 확인 메일에서 '가입 링크'를 클릭하면 메일 인증이 완료되고 미투데이 계정을 사용할 수 있게 된다.

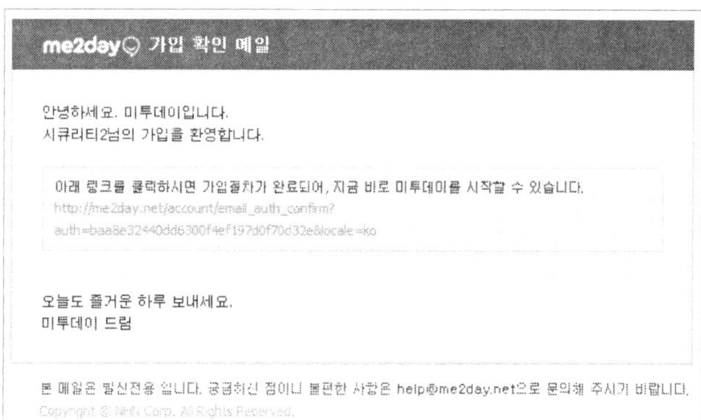

03 로그인과 로그아웃하기

미투데이는 초기에 Open ID를 사용하였으나 2010년부터 자체 아이디 또는 네이버 아이디를 이용한 로그인을 지원하며, Open ID 지원은 2010년 3월 16일을 기준으로 서비스가 종료되었다. 따라서 미투데이 로그인은 아래 그림과 같이 네이버 아이디 또는 미투데이 자체 아이디를 이용할 수 있다.

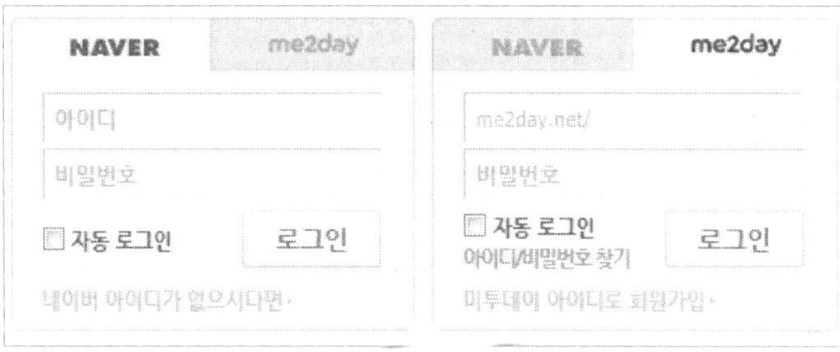

두 가지 로그인 방식 모두 제공되는 서비스 및 이용 방법은 동일하며, 로그인 완료 후 **[마이미투 가기]** 메뉴를 선택해 자신의 미투데이 화면으로 이동할 수 있다.

로그아웃 시에는 마이미투의 로그아웃 메뉴를 선택하여 로그아웃 할 수 있다. 미투데이는 개방형 서비스를 지향하기 때문에 로그아웃을 한 경우에도 게시된 글을 볼 수 있다. 하지만 로그아웃 이후에는 댓글 달기나 미투 기능은 사용할 수 없다.

04 프로필 작성하기

미투데이는 마이미투의 환경설정에서 개인 프로필을 작성하거나 수정할 수 있다. 프로필을 입력하기 위해 마이미투 페이지에서 우측 상단 메뉴 중에 **[마이미투]** → **[환경설정]**을 클릭한다.

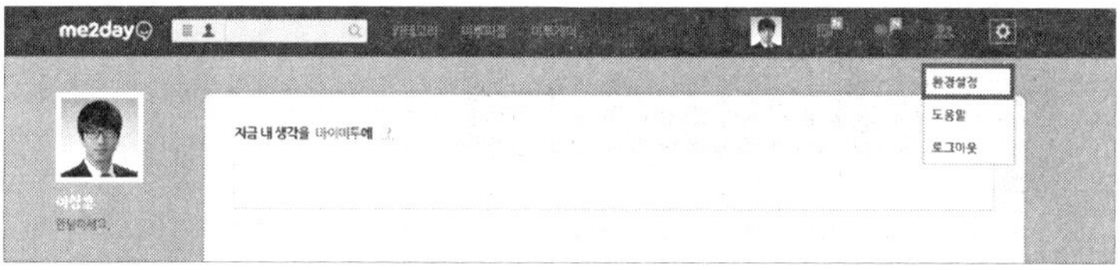

환경설정 페이지에는 미투데이를 사용할 때 필요한 다양한 설정을 할 수 있다. 환경설정 메뉴 중 프로필을 작성하기 위해 **[프로필]**을 클릭한다.

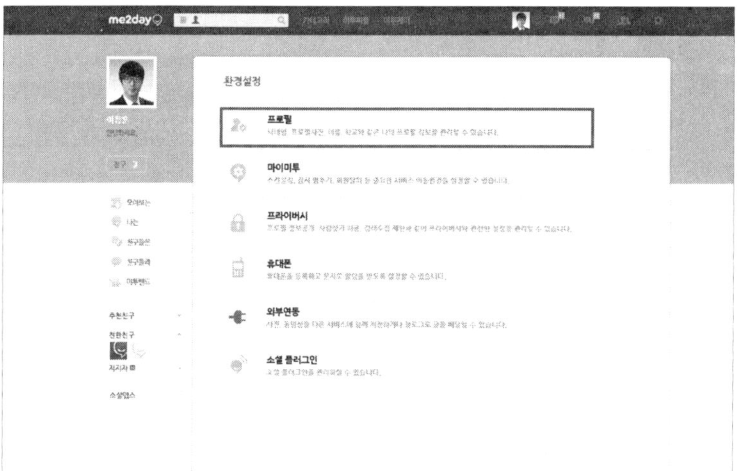

프로필 입력 항목은 사진, 닉네임, 한줄 소개, 커버 이미지, 이름, 생일, 성별, 이메일, 블로그, 학교, 회사, 관심사, 시간대, 위치, 언어 등이다. 프로필의 모든 입력항목은 필수 입력사항이 아니며, 원하는 항목만 선택하여 입력할 수 있다. 프로필에 작성된 정보들의 공개여부와 검색 허용여부 등은 프라이버시 메뉴에서 설정할 수 있다.

05 계정 설정하기

① 마이미투 설정하기

미투데이의 환경설정에서 마이미투 설정을 통해 미투데이를 할 때 중요한 서비스 이용환경을 설정할 수 있다. 마이미투 설정을 하려면 프로필을 설정할 때와 마찬가지로 마이미투 화면의 우측 상단 메뉴의 **[마이미투]** → **[환경설정]**을 클릭한 후 환경설정 메뉴 중 **[마이미투]**를 클릭하면 마이미투 설정 페이지를 확인할 수 있다.

마이미투에서는 다양한 메뉴 설정을 할 수 있는데 그 기능은 다음과 같다.

- **스킨 설정 :** 미투데이의 스킨을 사용자가 직접 설정할 수 있는 기능이다. 스킨의 색상 및 로고를 변경하거나 사용자가 원하는 이미지를 등록하여 적용할 수 있고, 스킨갤러리 서비스를 제공하여 미투데이에서 제공하는 스킨 이미지를 선택하여 사용할 수 있다.

- **첫화면 설정 :** 마이미투 페이지의 첫화면을 '모아보는'으로 할 것인지, '나는'으로 할 것인지 설정하는 기능이다. '모아보는'으로 설정하면 나와 미친의 글들을 모두 확인 할 수 있고, '나는'으로 설정하면 첫 화면에서 내 글들만 확인 할 수 있다.
- **링크걸기 :** 미투데이 글에서 링크를 클릭했을 때, 현재 미투데이 페이지에서 링크된 주소로 연결하는지 새창을 띄워서 해당 주소로 연결하는 지를 설정하는 기능이다. 링크를 클릭했을 때 새창을 띄우는 것이 더 편리하다.
- **구독제한 :** 구독 제한을 하게 되면, 다른 사람들이 내 글을 구독하지 못하게 하고, 현재 구독자들은 모두 해제되며 그 사람들에게 구독제한 안내 메일이 발송된다.
- **댓글닫기 :** '항상 댓글 닫기'를 체크하면 내가 쓰는 글에 모든 사용자들이 댓글을 달지 못하게 된다. 악성 댓글을 방지하거나 작성한 글에 대해서 타인 댓글 다는 것을 피할 때 사용하면 유용하다.
- **댓글제한 :** 나와 미친 관계가 아닌 사용자들 중에 '프로필 사진'이 없거나 '한줄 소개'가 없는 사용자에 대해서 내가 작성한 글에 댓글을 달지 못하게 하는 기능이다.
- **친구신청 제한 :** '프로필 사진'이 없거나 '한줄 소개'가 없는 사용자에 대해서 친구 신청을 제한한다.
- **회원차단 :** 차단된 회원은 친구신청 및 나를 소환하는 글을 작성할 수 없으며, 내가 작성한 글에 대해서 댓글을 달 수 없다. 현재 미친 관계인데 차단을 하게 되면 기존에 작성했던 댓글들도 모두 삭제된다.
- **잠시 멈추기 :** 미투데이 서비스 이용을 일시적으로 정지하는 기능이며, 글을 남기거나 댓글을 작성하는 것을 제한한다.
- **회원탈퇴 :** 미투데이 서비스를 영구적으로 탈퇴한다.

② 프라이버시 설정하기

미투데이는 마이미투의 환경설정에서 프라이버시와 관련된 설정을 관리할 수 있으며, 프라이버시 설정 화면은 아래 그림과 같다.

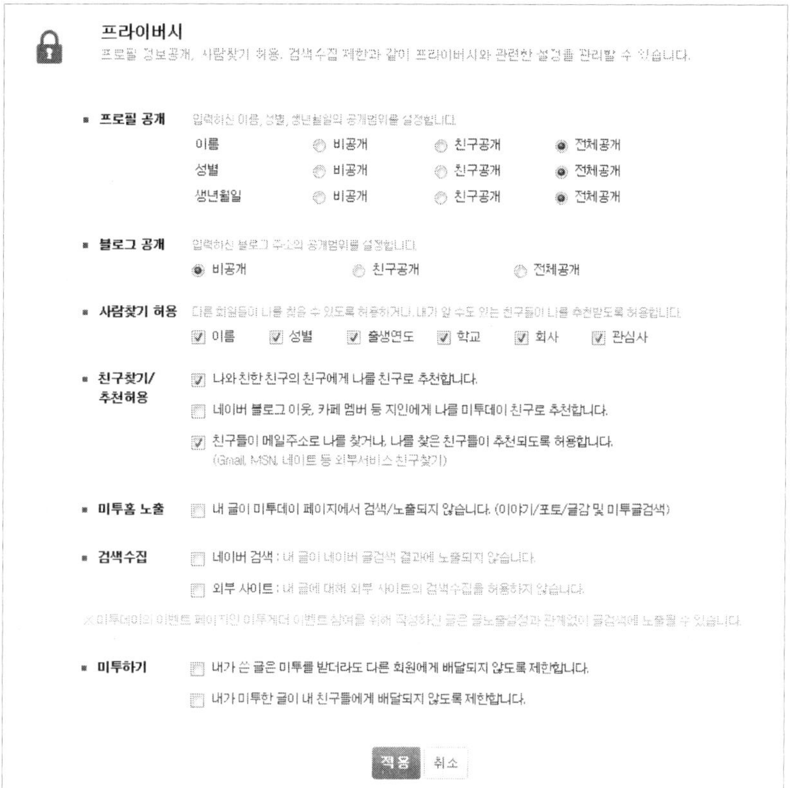

프라이버시 설정 메뉴에서는 작성된 프로필 중 이름, 성별, 생년월일과 블로그의 공개여부를 선택할 수 있으며, 이때 공개 범위는 비공개, 친구공개, 전체공개로 나누어 설정할 수 있다. 또한 사람찾기 허용 여부와 친구추천 허용여부를 설정할 수 있으며, 사람찾기 및 친구추천에 사용되는 정보를 선택할 수 있다.

프라이버시 설정 메뉴에서는 게시한 글의 검색 및 미투데이 페이지 노출 여부의 설정이 가능하다. 여기서 미투데이 페이지란 오늘의 인기글, 오늘의 포토 등을 볼 수 있는 메인 페이지를 뜻한다. 우선 미투홈 노출메뉴를 선택하면 게시한 글이 미투데이 페이지에서 검색 또는 노출되지 않는다. 하지만 미투데이 페이지에서 노출이 되지 않도록 설정하여도 미투데이 페이지에서만 보이지 않는 것일 뿐 게시글 자체는 전체공개의 속성을 갖는다. 미투데이는 기본적으로 게시된 글과 친구 정보를 전체공개하고 있기 때문에 게시글에 대한 접근권한 부여 기능이 없다. 따라서 타인에게 공개되면 안 되는 정보는 게시하지 않도록 해야 한다.

그 외에 게시된 글이 네이버 또는 외부의 검색사이트에서 수집되지 않도록 설정할 수 있으며, 다른 회원 또는 친구들에게 배달되는 것을 허용하지 않도록 설정 할 수도 있다. 미투데이의 배달 기능이란 미투데이에 게시된 글을 연동된 블로그로 전송하는 기능이다. 따라서 배달 금지 설정을 하더라도 게시글은 전체공개의 속성을 갖는다.

③ 휴대폰 등록하기

사용자의 휴대폰을 등록하여 미투데이와 연동할 수 있다. 휴대폰으로 미투데이 글을 쓸 수 있고, 문자로 댓글 알림 등을 받을 수 있다.

휴대폰 등록방법은 미투데이 **[환경설정]**의 **[휴대폰]**으로 들어가면 아래와 같은 화면을 볼 수 있다. 휴대폰 번호를 작성하고 통신사를 선택한 후 **[인증번호를 받기]**를 누르면, 내 폰으로 인증번호가 전송된다. 해당 인증번호를 기입하면 휴대폰 등록이 완료된다.

휴대폰으로 알림문자 수신 설정을 할 수 있다. 알림 문자의 종류에 따라 수신을 허용할 수 있고, 수신 제한을 통해 사용자가 알림문자를 수신받길 원하지 않는 시간대를 설정할 수 있다.

06 미투데이 정지 및 탈퇴하기

미투데이 서비스는 환경설정의 **[마이미투]**에서 **[잠시 멈추기]**버튼을 클릭하여 계정 사용을 정지시킬 수 있다. 잠시 멈추게 되면 미투데이에 글이나 댓글 작성이 제한된다.

그리고 **[탈퇴하기]**버튼을 선택함으로써 탈퇴할 수 있다. 탈퇴신청이 완료되면 개인정보는 모두 삭제되며, 로그인이 차단된다. 탈퇴를 신청한 계정의 글은 탈퇴 이후 24 시간 이내에 삭제된다. 하지만 사용자가 탈퇴한 이후에도 친구의 글에 남긴 댓글과 미투한 결과는 삭제되지 않는다. 따라서 삭제를 원하는 댓글 또는 미투가 있는 경우에는 탈퇴 전에 삭제해야 한다.

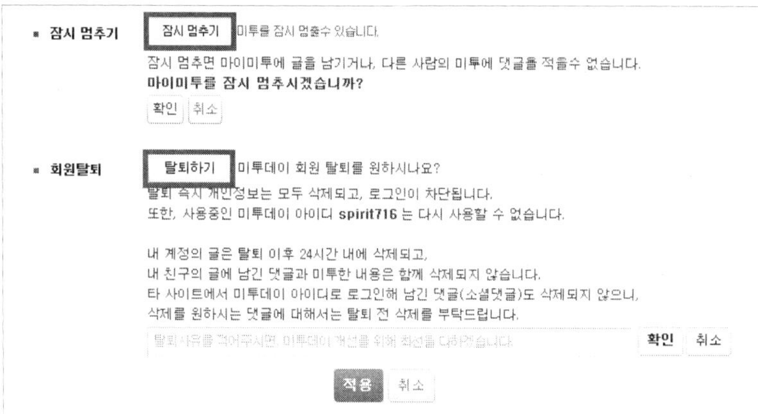

2) 미투데이 친구맺기

01 미친 찾기

미투데이에서는 인맥을 친구라고 표현하며, 내가 직접 특정 회원을 찾아 친구 신청을 하거나 친구일 것 같은 사람을 추천받을 수 있다. 친구를 찾는 방법은 마이미투 페이지에서 우측 상단의 **[내친구들]-[친구 찾기]** 버튼을 클릭하여 친구 찾기 서비스를 사용할 수 있다.

미투데이에서의 친구 찾기는 이름, 출생연도, 성별, 학교명, 회사명을 선택적으로 입력하여 특정 회원을 찾을 수 있다. 이때, 만약 찾고자 하는 상대방이 자신의 프라이버시 설정에서 다른 회원이 자신을 찾을 수 있도록 허용하지 않는 경우에는 친구 찾기는 불가능하다. 미투데이에서는 네이버 서비스, 네이트온, MSN, Gmail 등과 연동하여 친구를 찾을 수도 있다. 또한 찾고자 하는 회원이 미투데이 회원이 아닌 경우친구의 이메일주소로 초대 메일을 보낼 수 있다. 이때 친구 초대는 휴대폰 인증을 완료한 경우에만 가능하다.

02 미친 추천

미투데이에서는 가입자의 프로필 정보와 기존 친구 정보를 이용하여 친구를 추천해주는 서비스를 제공한다. 만약 사용자가 프라이버시 설정에서 친구 추천을 허용하지 않았다면 친구 추천은 받을 수 없다. 추천받은 친구는 자신의 마이미투 페이지 좌측 메뉴 하단에서 확인할 수 있으며, 친구추천 메뉴를 선택하여 확인 할 수도 있다. 친구 추천 메뉴를 이용하여 확인하는 방법은 마이미투 페이지에서 우측 상단의 **[내친구들]**–**[친구 추천]** 버튼을 클릭하여 친구 추천 페이지로 이동한다.

서비스로부터 추천 받은 친구들을 확인한 후 친구를 맺고 싶은 사람을 찾아 **[친구신청]** 버튼을 클릭하여 친구를 신청을 할 수 있다. 상대방이 친구를 수락하면 친구 관계가 형성된다.

03 미친 맺기

미투데이에서는 상호 동의한 경우에만 친구가 될 수 있다. 따라서 친구찾기나 친구추천을 통해 친구를 신청한 후, 상대방의 수락을 기다려야 하며 상대방이 수락한 경우에 친구가 될 수 있다. 친구신청에 대한 수락 방법은 자동수락 또는 수동수락으로 설정할 수 있다.

04 미친 관리하기

① 미투밴드 활용하기

미투데이에서는 미투밴드를 활용하여 친구를 그룹으로 설정하여 관리할 수 있다. 하지만 미투데이에서는 기본적으로 콘텐츠에 대한 접근권한 부여 기능이 없기 때문에 그룹별 권한 설정 기능은 없으며, 단순히 친구들을 분류하는 기능만을 제공한다.

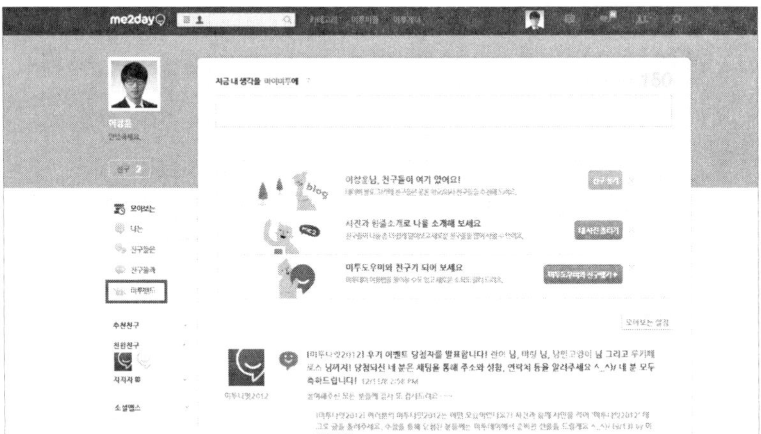

미투밴드는 밴드를 생성하거나 기존 생성된 밴드에 가입함으로써 활용할 수 있다. 미투밴드 가입은 가입하고 싶은 밴드에서 **[밴드 가입]** 버튼을 누르면 밴드 관리자에게 요청이 전달되고, 관리자가 가입 승인하면 밴드 멤버로 활동할 수 있다.

미투밴드를 만들고 싶다면 **[미투밴드 만들기]**를 클릭한 후 가입 방법, 카테고리, 밴드 이름, 밴드 아이디를 작성해야한다. 가입 방법은 누구나 가입, 리더의 승인, 비밀 밴드가 있고, "누구나 가입"은 누구나 가입 신청을 할 수 있고, 승인 절차 없이 즉시 멤버를 받아들일 수 있다. "리더의 승인"은 누구나 가입신청을 할 수 있지만 밴드의 리더가 승인을 해야 멤버가 될 수 있고, "비밀 밴드"는 밴드가 공개되지 않고, 초대받은 사람만 가입할 수 있다.

② 관심친구 설정하기

미투데이를 하다보면 친구가 계속 늘어나서 보기에도 복잡하고 친구들이 어떻게 지내는지 궁금한데 너무 많은 글들이 올라오게 되어 정리가 되지 않는 상황이 올 수도 있다. 또한, 특별히 친한 친구와 소통을 많이 하기 때문에 관심친구 기능을 통해서 편리하게 가까운 친구 관계를 지정하여 더 확장된 커뮤니케이션이 가능하다. 친구의 프로필 사진을 누르면 아래 사진과 같은 그림이 뜨는데, 투명한 '별표'를 꾹 누르면 노란색으로 바뀌고 관심친구 지정이 된다. 별표를 다시 누르면 관심친구 해제가 가능하다.

관심친구가 되면 상단 메뉴 중에 친구목록 및 그룹을 설정할 수 있는 **[내 친구들]** → **[모든 친구]**를 누르면 하단에 친구 그룹이 나타난다. 여기서 관심친구를 모아 볼 수도 있고, 친구 그룹을 생성 및 설정할 수 있다. 설정된 그룹 및 관심친구들의 글은 좌측 메뉴 중 **[친구들은]**에서 그룹별로 확인할 수 있다.

③ 친구 차단하기

미투데이에서는 일시적으로 친구의 글이나 채팅을 차단시키는 기능을 제공한다. 차단 종류는 하루 동안 글 차단, 지속적인 글 차단, 채팅차단이 있다. 친구의 글을 차단한 경우에는 친구가 게시한 글을 자신의 미투데이 화면에 보여주지 않으며, 채팅을 차단한 경우에는 차단된 친구가 채팅을 요청할 때 '상대방이 채팅 메시지를 받지 않도록 설정 중입니다'라는 메시지를 띄운다.

05 연예인과 미친하기

공식 미투는 미투데이에서 제공하는 특별한 서비스로, 연예인이나 유명인, 회사, 기관과 친구를 맺을 수 있는 기능이다. 공식 미투로 등록하기 위해서는 일반 사용자가 유명인을 사칭할 수 있기 때문에 미투데이에서 공식 인증을 받아야한다. 미투데이 메인 화면에서 **[피플]**의 **[공식미투]**를 클릭하면 공식 미투 페이지로 들어간다.

공식 미투는 카테고리를 통해 분야별로 구분되어 있고, 검색 기능을 제공한다. 연예인과 미투데이 친구를 하고 싶다면, **[방송/연예]** 카테고리에서 연예인들을 확인할 수 있으며, 원하는 연예인과 친구신청을 통해 친구를 맺을 수 있다. 연예인 미투데이 신청은 연예인이 모든 친구 신청을 수락하기 어렵기 때문에 기본적으로 자동 수락이다.

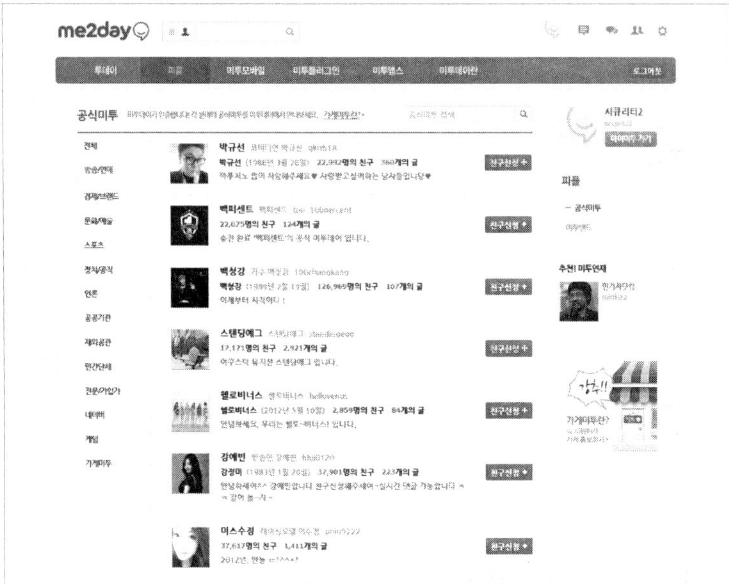

06 미친 끊기

미투데이에서는 친구끊기 메뉴를 통해 친구를 끊을 수 있다. 친구 관계를 끊는 경우에는 상대방에게 해당 사실이 통보되지 않으며, 친구의 미투데이 화면에는 자신이 작성했던 글도 계속 존재한다. 하지만 자신의 미투데이 화면에는 관계를 끊은 친구의 글은 사라진다.

3) 콘텐츠 공유하기

01 마이미투에 글쓰기

미투데이에서는 자신의 미투데이 화면에서 150자 이내의 짧은글, 사진, 동영상, 링크 등을 업로드 할 수 있다. 초기에는 낙장불입이라는 개념을 적용하여 작성한 콘텐츠는 1분 이내에만 수정과 삭제가 가능했지만 지금은 시간제한 없이 콘텐츠의 삭제가 가능하다. 콘텐츠 작성 시 태그를 함께 작성하여 작성한 글을 분류할 수 있으며, 친구 소환 기능을 사용하면 소환한 친구에게 휴대폰 또는 이메일을 통해 별도로 알림이 제공된다. 작성한 글에 댓글이 달리는 것을 원하지 않는 경우에는 댓글달기 금지를 설정할 수 있다.

① 글 남기기

미투데이는 간편한 글쓰기 기능을 제공한다. 마이미투의 글상자에서 글을 작성한 후 **[올리기]** 버튼을 선택하여 글을 게시할 수 있다. 이때 게시글은 150자 이내로 제한된다.

② 태그 달기

보통 태그의 의미는 자신이 쓴 글과 관련이 있는 핵심어로 글을 분류하거나 검색할 때 유용하다. 하지만 미투데이에서는 태그를 글쓰기를 할 때 150자를 넘거나 추가적으로 할 말들을 적는 기능으로 활용을 한다.

태그 사용법은 글상자에 내용을 작성한 후, 밑의 태그 칸에 추가적인 내용을 작성하여 올리면 된다.

③ 아이콘 등록하기

마이미투의 글상자 옆에는 사진처럼 보이는 '아이콘'이 있는데, 이 아이콘을 활용하여 미투데이에서 올린 글을 분류할 수도 있고, 글의 상황에 맞는 아이콘 사진을 등록하여 올릴 수 있다.

아이콘 창 하단의 **[관리]** 버튼을 누르면 아이콘 관리창이 열린다.

리스트 관리 메뉴에서 아이콘과 리스트 이름을 설정할 수 있고, 새로운 리스트를 추가할 수 있다. 아이콘 설정은 아이콘 버튼을 누르고 설정하고 싶은 사진을 넣어주면 된다. 리스트 이름을 통해 사진의 설명이나 생각과

느낌 등을 표현할 수 있다. 카테고리 버튼을 통해 아이콘의 테마와 모양을 설정해 줄 수 있다.

아이콘 목록의 '+ 새 리스트' 를 누르고 아이콘 이미지와 리스트 이름을 설정하여 새로운 리스트를 추가할 수 있다.

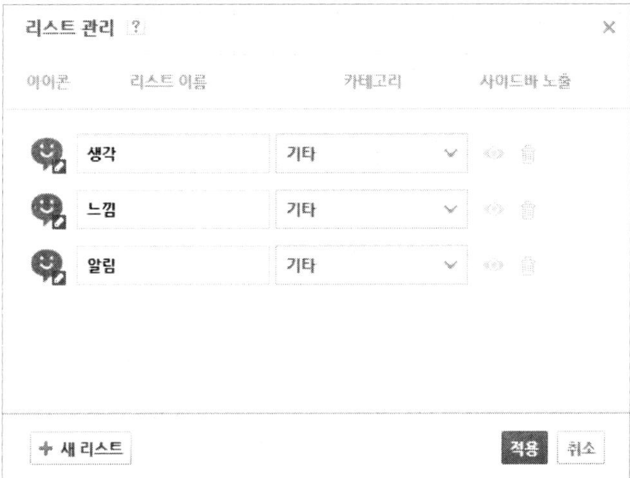

④ 작성한 글 삭제하기

미투데이에서 생성한 콘텐츠를 삭제하고 싶은 경우에는 게시글 옆의 휴지통 버튼을 선택하여 삭제할 수 있다. 게시글 삭제는 자신이 작성한 글에 한해서만 가능하며 삭제된 콘텐츠는 내 친구의 미투데이 화면에서도 함께 삭제된다. 삭제된 콘텐츠에 댓글이 있는 경우, 댓글도 함께 삭제된다.

02 사진 및 동영상 올리기

① 사진 및 동영상 만들기

미투데이에서는 글과 함께 사진 또는 동영상을 첨부할 수 있다. 사진 및 동영상 첨부를 원하는 경우, 아래 그림과 같이 글상자 아래 **[사진 / 동영상]** 버튼을 선택한 후, 원하는 파일을 선택하면 된다.

사진을 여러 장 첨부하고 싶을 때는 사진 올리기 메뉴에서 **[파일 추가]**를 클릭하여 첨부하고자 하는 사진을 선택하면 된다. 단, 사진과 동영상은 동시에 첨부할 수 없다.

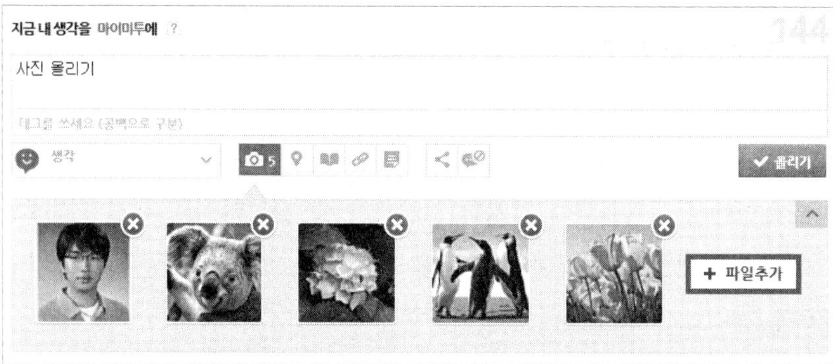

② 사진 및 동영상 관리하기

첨부된 사진 및 동영상은 작성된 글에 있는 그림 버튼을 클릭하면 확대되어 본래의 이미지 크기로 볼 수 있다.

사진과 동영상을 삭제하기 위해서는 사진과 동영상이 첨부된 글을 삭제해야 하며 삭제하는 방법은 작성된 글 삭제하는 방법과 같이 휴지통 버튼을 클릭하여 삭제하면 된다.

03 기타 콘텐츠 공유하기

① 지도 올리기

미투데이에서는 글과 함께 특정 위치의 지도를 첨부할 수 있다. 위치 첨부를 원하는 경우, 아래 그림과 같이 글상자 아래 **[위치]** 버튼을 선택한 후, 원하는 위치를 선택하면 된다.

② 글감 활용하기

미투데이에서는 자신이 좋아하는 영화, TV, 음반, 책, 맛집, 친구 등의 정보를 바로 검색하여 첨부할 수 있는 기능을 제공한다. 글감 정보의 첨부를 원하는 경우, 아래 그림과 같이 글상자 아래 **[글감]** 버튼을 선택한 후, 원하는 정보를 검색하여 선택하면 된다.

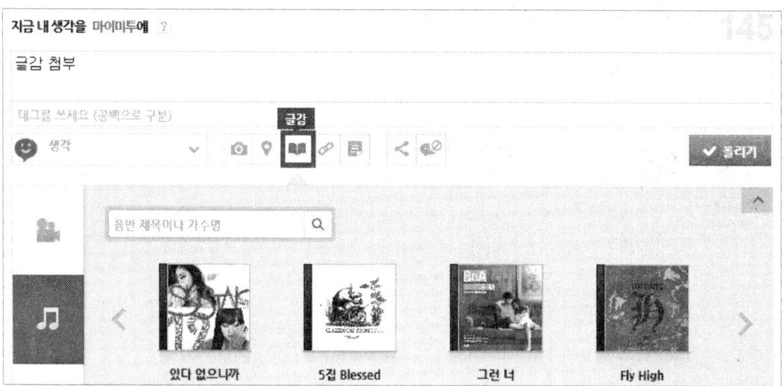

③ 작성 글에 링크 걸기

미투데이에서는 글과 함께 링크를 첨부할 수 있다. 링크 첨부를 원하는 경우, 아래 그림과 같이 글상자 아래 **[링크]** 버튼을 선택한 후, 원하는 링크 주소를 입력하고 **[걸기]** 버튼을 선택하면 된다.

④ 노트 첨부하기

미투데이의 노트기능은 사용자가 글을 작성할 때, 추가적으로 공유할 글이 있을 때 사용하는 기능으로, 기본적으로 글이나 태그 기능은 150자를 넘지 못하는 반면에 노트는 글의 길이 제한이 없다는 장점이 있다.

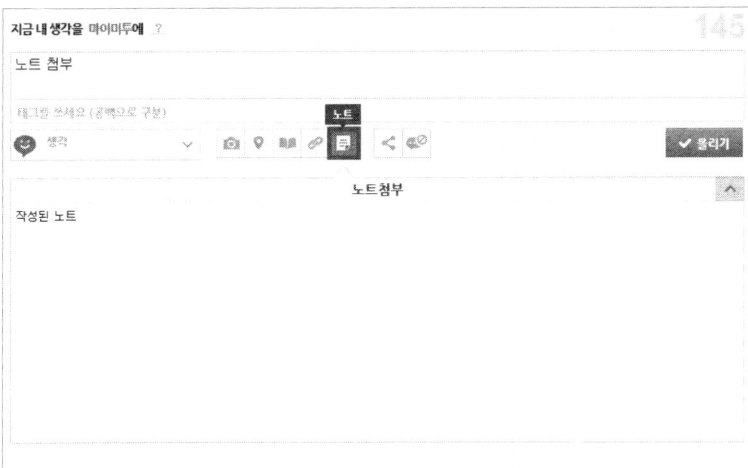

하지만 노트에 작성된 글은 다른 글처럼 메인화면에 보이지 않고, 작성된 글 옆에 첨부된 노트 버튼을 누르면 우측에 노트에 작성된 글이 보이게 된다. 이 노트 기능은 긴 글이나 정보를 공유하기 위해 사용하기 편리하다.

4) 친구와 소통하기

01 미투하기와 댓글달기

개방형 서비스를 지향하는 미투데이는 게시된 모든 콘텐츠를 전체 공개한다. 따라서 콘텐츠에 대한 접근권한 부여 기능이 존재하지 않으며, 게시된 콘텐츠는 친구와 타인 모두 접근할 수 있다. 아래 그림은 미투데이의 콘텐츠 접근 허용 범위에 대한 기본 개념도를 나타낸다.

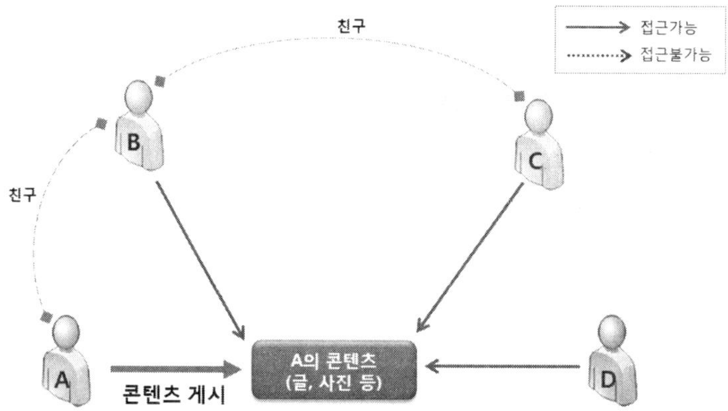

미투데이는 모아보기 기능을 통해 친구가 생성한 콘텐츠를 자신의 미투데이 화면에서 바로 확인할 수 있다. 또한 사용자는 공감하는 글에 '미투' 버튼을 선택함으로써 공감을 표현할 수 있으며, 댓글을 작성할 수도 있다.

① 공감! 미투하기

미투데이에서는 공감하는 콘텐츠가 있는 경우 해당 글의 **[미투]** 버튼을 선택하여 공감을 표현할 수 있다. '미투' 버튼은 친구 관계가 아닌 경우에도 선택이 가능하며, 친구 글의 '미투' 버튼을 선택한 경우에는 해당 글이 나의 다른 친구들에게도 전달된다. 게시된 글의 미투된 횟수는 '미투'버튼 옆 숫자를 통해 확인할 수 있다.

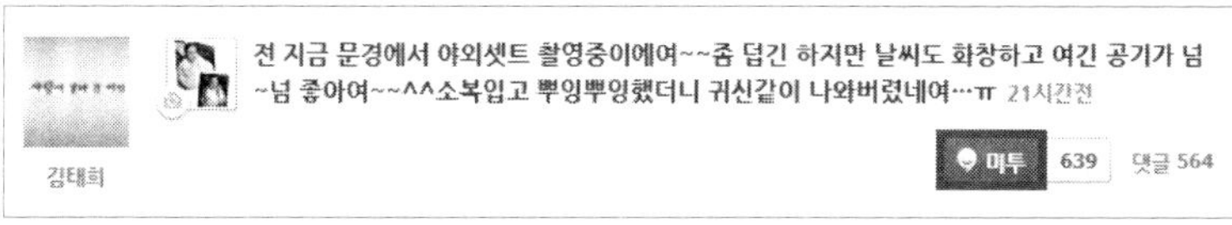

미투를 취소하고 싶은 경우에는 다시 한 번 **[미투]** 버튼을 선택함으로써 취소할 수 있다. 미투를 통해 나의 다른 친구들에게 전달되었던 글은 미투를 취소함과 동시에 삭제된다.

② 댓글 달기

게시된 글에 댓글을 작성하고 싶은 경우에는 **[댓글달기]** 버튼을 선택하여 댓글을 작성할 수 있다.

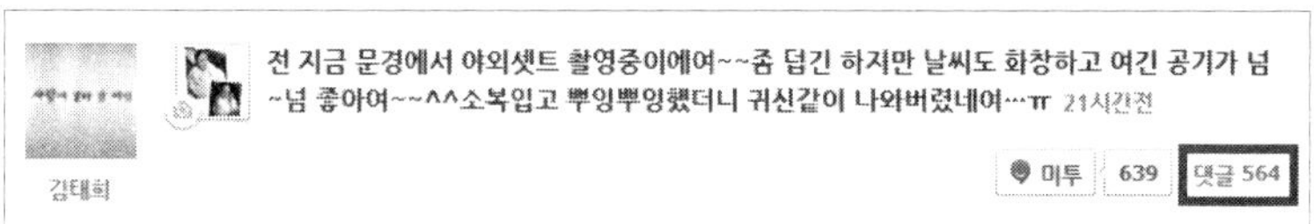

댓글로 작성한 글을 자신의 미투데이에 게시글로 생성하고 싶은 경우에는 아래 그림과 같이 댓글 작성 시 '내 미투에도'를 선택하면 자신의 미투데이 화면에 동일한 내용으로 게시글이 생성된다.

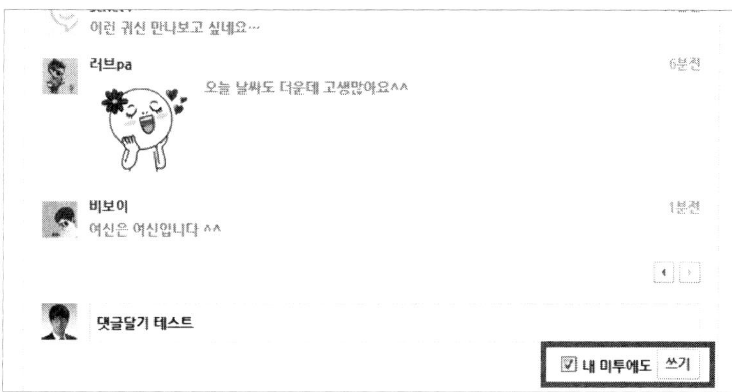

자신의 게시글에 댓글이 달리는 것을 원하지 않는 경우에는 아래 그림과 같이 게시글 작성 시 **[댓글닫기]** 버튼을 선택하여 댓글 생성을 제한할

수 있다.

02 친구와 채팅하기

미투데이에는 여러 명이 모여 이야기를 나눌 수 있는 채팅 기능이 있다. 채팅방에는 최대 200명까지 입장이 가능하며, 대화 뿐만 아니라 사진이나 링크 공유 등을 자유롭게 할 수 있다. 채팅 기능은 친구와 실시간으로 대화하거나 다수가 모여 소통하는 공간으로 활용될 수 있고, 미투데이에 공개하기 부담스럽거나 꺼려하는 대화나 정보를 채팅으로 개인 및 특정 다수에게 전달할 수 있다.

채팅방을 이용하기 위해서는 미투데이 메인화면의 **[마이미투 가기]** 위에 **[채팅]** 버튼을 클릭하면 사용가능하고, 마이미투 화면에서 최상단의 **[채팅]** 버튼을 통해서도 사용가능하다.

새 채팅방을 만들고 싶다면 **[새 대화 시작하기]**를 클릭하여 채팅방을 생성할 수 있고, 친구들이 참여중인 채팅방이 있다면 참여가 가능하다.

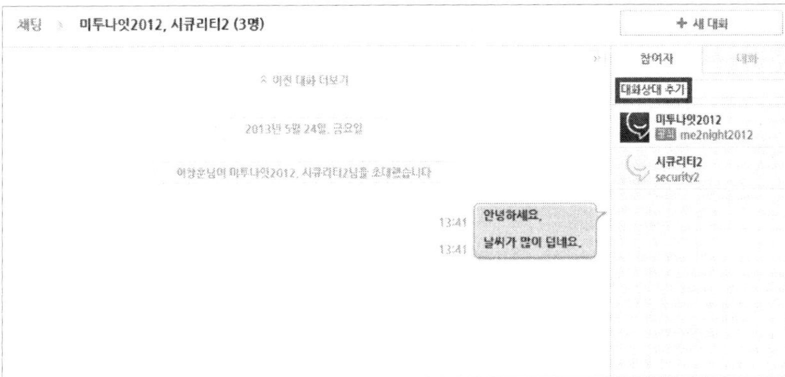

채팅방이 개설되면 **[대화상대 추가]**를 클릭한 후 초대하고 싶은 친구들을 지정하여 초대할 수 있다.

03 친구 소환하기

미투데이에서 소환하기는 친구를 불러오는 기능으로 특정 친구가 내 글을 볼 수 있도록 문자나 알림을 통해 유도하는 서비스이다. 소환글을 작성하면 소환한 친구가 쉽게 글을 확인하고 댓글을 달 수 있다. 친구의 닉네임을 알고 있다면 '₩친구닉네임'을 입력한 후에 내용을 작성한다. 이 소환글을 올리면 소환된 친구에게 문자나 알림이 도착하고, 실시간으로 글을 확인할 수 있다.

내가 소환 받은 글은 미투데이 메뉴에서 **[친구들과]** → **[소환하기]**에서 확인할 수 있다.

04 미투게더 활용하기

미투게더는 미투데이 사용자들 모두가 주어진 주제에 대해서 생각을 나눠볼 수 있는 서비스이다. 미투데이에서 정해 놓은 주제에 대해 사용자들이 댓글을 다는 형식이며, 내 생각을 어필할 수 있을 뿐만 아니라 다른 사람의 생각을 공유할 수 있는 장점을 갖고 있다.

미투데이 메인화면 메뉴에서 **[투데이]** → **[미투게더]**를 클릭한 후 좌측 카테고리에서 관심 있는 주제를 클릭하면 대화에 참여할 수 있다.

5) 부가서비스 활용하기

01 미투앱스 활용하기

미투앱스는 미투데이에서 제공하는 오픈API를 사용하여 일반사용자들이 만드는 콘텐츠로써, 미투데이를 이용하는데 편리한 기능 및 게임과 같은 즐길 거리 등을 제공하는 애플리케이션이다. 애플리케이션 개발을 할 수 있는 사람은 미투데이 오픈API를 사용하여 자유롭게 개발이 가능하고, 만든 애플리케이션을 미투데이에서 공유함으로써 다른 이용자들이 활용할 수 있도록 하는 서비스라고 할 수 있다.

미투앱스에서 제공하는 게임을 하고 기록을 자신의 미투데이에 올릴 수도 있고, 친구들과 함께 경쟁을 할 수도 있는 기능을 포함하고 있다.

미투데이 메인 화면 상단 메뉴에서 **[미투앱스]**를 클릭하면 미투앱스 페이지가 나온다.

미투앱스는 카테고리로 분류가 되어있고, 페이지에서 각 애플리케이션에 대한 요약 설명 및 개발자의 닉네임 등에 대한 소개를 볼 수 있다. 애플리케이션을 이용하기 위해서는 **[바로가기]** 버튼을 클릭하여 해당 애플리케이션 페이지로 이동한 후 각 애플리케이션 사용법에 따라 활용할 수 있다.

02 스킨 설정하기

미투데이는 홈페이지 스킨을 사용자의 취향에 맞게 개인이 설정할 수 있는 기능을 제공한다. **[환경 설정] → [마이미투] → [스킨 꾸미기]**를 통해 스킨을 변경할 수 있다. 스킨의 배경, 메뉴박스, 프로필박스, 메뉴텍스트, 로고 등의 색상을 변경할 수 있고, 자신이 원하는 임의의 이미지를 내 컴퓨터에서 업로드 하여 적용할 수 있다. 원하는 이미지를 업로드 하는 경우에는 '상단 이미지 사용'을 체크한 후 이미지 '찾아보기'를 통해 이미지를 검색하여 '적용'을 클릭하면 된다.

사용자는 미투데이 스킨 갤러리를 활용하여 미투데이에서 제공하는 스킨을 선택 및 설정할 수 있다.

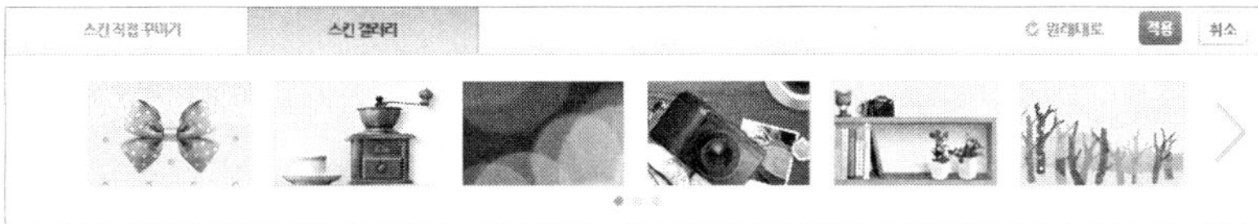

PART

04

싸이월드(Cyworld)

1) 싸이월드 시작하기

01 싸이월드 소개하기

싸이월드(http://www.cyworld.com)는 SK텔레콤의 자회사인 SK커뮤니케이션즈(이하 SK컴즈)가 운영하는 대한민국의 인터넷 커뮤니티 사이트이다. '싸이'라고 줄여서 말하기도 하며, 이는 '사이', 곧 '관계'를 뜻하는 말이다.

2001년 기존의 클럽 중심 서비스에서 개인 홈페이지 서비스로 변화를 모색하면서 인기를 모으기 시작했으며, '미니홈피 프로젝트'를 통해 미니홈피, 미니미, 미니룸, 도토리 등의 서비스를 제공하면서 현재의 모습을 갖추게 되었다. 2002년부터 서비스가 본격적으로 성장하기 시작했으며, 2004년에 SK컴즈에 인수되었다.

1세대 SNS의 대표적인 국내 사이트이며 '미니홈피'라는 특징적인 서비스로 2004년 가입자 2000만 명을 돌파했으며 꾸준한 회원 증가를 통해 현재 2598만 명의 회원을 보유하고 있다.

02 싸이월드 가입하기

싸이월드는 가입자를 일반회원 가입, 법인/단체 회원가입으로 구분한다. 일반 회원가입은 국내외 개인회원이 대상이며, 법인/단체 회원가입은 국내외 사업자 및 단체를 대상으로 한다. 회원가입 절차는 다음과 같다.

① 약관 동의하기

사용자는 SK플래닛 One ID 이용 약관 및 네이트, 싸이월드 약관에 동의를 한 후 회원가입 절차를 진행할 수 있다. One ID로 회원가입 절차를 완료할 경우 해당 아이디로 네이트, 싸이월드, hoppin, 11번가, 멜론, T store, T cloud, T map, Smart touch 등 SK플래닛과 제휴한 모든 사이트를 이용할 수 있다.

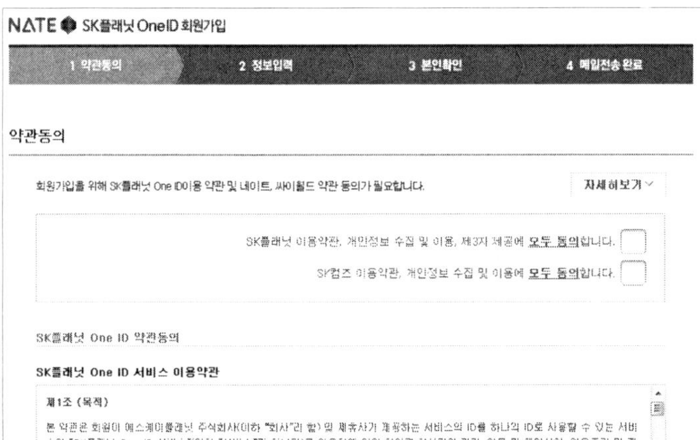

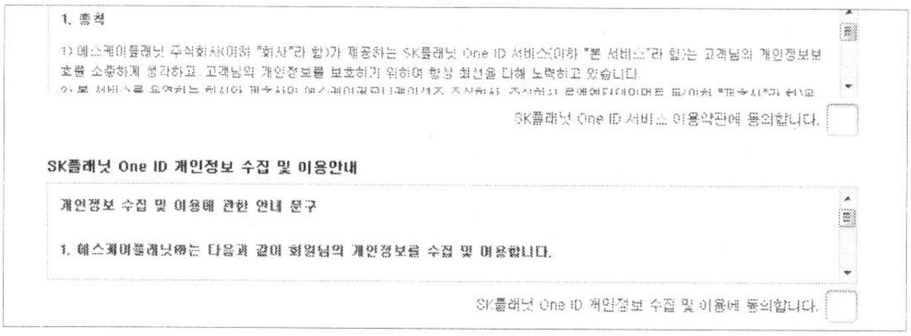

② 기본 정보 입력하기

정보 입력 페이지에서는 회원가입을 위한 기본 정보를 입력한다. 본인이 사용할 아이디와 비밀번호, 이름, 이메일 주소, 메일 수신 여부, 휴대폰 번호, 성별, 생년월일 등의 정보를 입력하고 다음 버튼을 클릭한다. 아이디는 중복확인을 통과한 경우에만 사용할 수 있다.

③ 본인 확인하기

본인 확인은 휴대폰인증과 이메일인증 두 가지 방법을 통해 수행할 수 있다. 본인 확인은 타인에 의한 부정가입을 막기 위한 절차로 휴대폰인증을 수행할 경우 본인의 휴대폰 번호를 입력하고 인증번호 받기 버튼을 클릭한다. 이후 휴대폰으로 전송된 인증번호를 입력하고 인증하기 버튼을 클릭하면 인증되었다는 녹색 메시지가 출력된다. 마지막으로 페이지 하단에 있는 완료 버튼을 클릭하면 회원가입이 완료된다.

이메일인증의 경우 일반적으로 입력한 메일 주소로 발송된 인증메일에 첨부된 주소 링크를 통해 인증 절차를 거쳐야 한다. 하지만 싸이월드의 경우 이메일인증 절차에서 단순히 본인의 이메일 주소를 입력하는 것으로 회원가입이 완료된다.

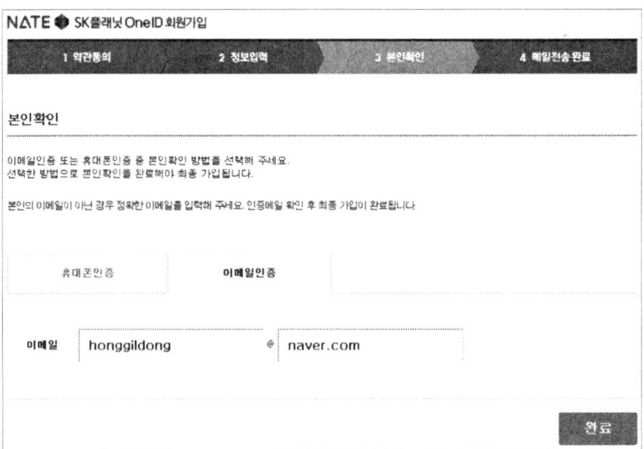

03 로그인과 로그아웃 하기

싸이월드의 로그인 방법으로는 웹브라우저를 통한 로그인과 메신저 네이트온과의 연동을 통한 로그인이 있다. 로그아웃은 메인화면의 로그아웃 버튼을 선택하여 수행한다.

① 웹 로그인하기

네이트 홈페이지(http://www.nate.com) 또는 싸이월드 홈페이지(http://www.cyworld.com) 접속 후 로그인 창에서 아이디 및 비밀번호를 입력한 뒤 로그인 버튼을 클릭하면 로그인이 수행된다.

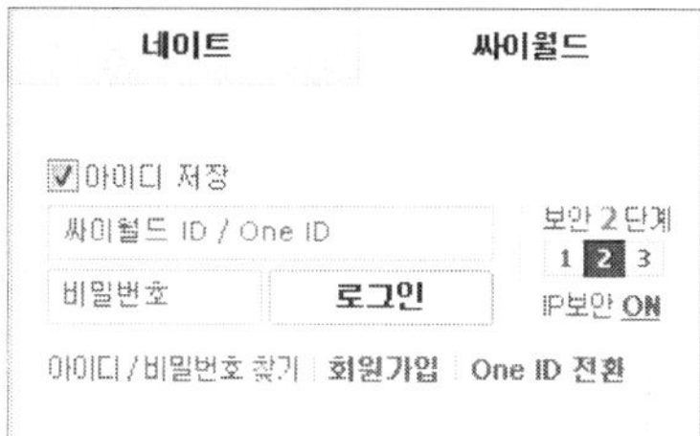

로그인 창 우측에는 로그인 보안 설정을 나타내는 버튼이 위치해 있는데 로그인 보안은 로그인할 때 입력하는 정보들을 다양한 방식으로 보호할 수 있도록 제공하는 보안 서비스이다. 로그인 시 보안접속(SSL) 기능을 기본으로 제공하며, 필요에 따라 키보드 보안 등도 제공한다. 보안 단계는 1~3단계로 구분되어 있는데 보안 1단계는 아이디 및 비밀번호 등 로그인 정보를 암호화해 서버에 전송하는 수준의 보안이며, 보안 2단계는 서버로 보내는 데이터를 암호화해서 전달하는 PKI(Public Key Infrastructure) 기법을 사용한 보안단계로 금융기관 등에서 활용되고 있는 보안이다. 보안 2단계는 보안 1단계 기능을 포함한다. 마지막으로 보안 3단계는 비밀번호와 같이 키보드에 입력하는 중요한 정보들이 외부로 유출되는 것을 방지하는 기능이다. 키보드 보안 기능은 보안 프로그램을 설치한 후에 이용할 수 있다. 보안 3단계는 보안 1, 2단계 기능을 포함하며 추가적으로 ActiveX 설치가 필요하다.

IP 보안은 회원이 사이트에 로그인한 정보를 타인이 가로채어 서비스를 부정 이용하는 것을 방지하기 위한 보안 기능으로 최근 로그인 시 IP와 서비스 이용 IP를 비교해서 사용자가 설정한 IP 보안단계별 조건에 맞지 않는 다른 IP가 서비스 접근 시 이용을 차단시키는 기능이다. IP보안 역시 3단계로 구분되어 있으며 고정 IP 사용 시 권장하는 높은 등급의 ON, 일반 가정집 등의 유동 IP 사용시 권장하는 보통 수준의 ON, IP 보안 기능을 이용하지 않는 낮은 수준의 OFF로 구분되어 있다.

② 메신저 연동 로그인하기

네이트에서 제공하는 메신저 네이트온의 환경설정에서 네이트 연동을 활성화할 경우 네이트온 메신저를 통한 싸이월드 이용이 가능하다. 사용자는 현재 로그인한 아이디로 연동한 네이트 아이디의 이메일 등을 자유롭게 이용하거나 해당 아이디에 등록된 친구에게 친구 요청을 할 수 있다.

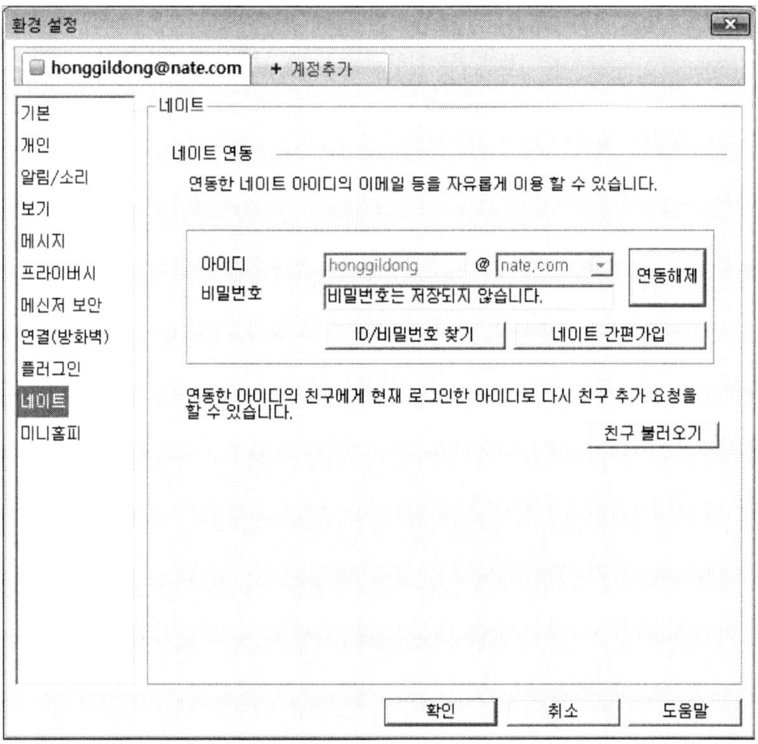

04 프로필 작성하기

프로필은 미니홈피의 프로필 메뉴를 통해 작성할 수 있으며, 회원가입 시 작성했던 개인정보들은 기본정보로 미리 등록된다. 본인 소개, 키워드, 히스토리, 마이심볼 등을 추가로 작성할 수 있으며 싸이월드 서비스 내 본인 정보의 공개 허용 여부 또한 설정할 수 있다. 또한 프로필 메뉴 관리를 통해 사용자가 원하는 메뉴만 선택해서 공개할 수 있으며 첫 화면으로 보여줄 메뉴 또한 고를 수 있다. 첫 화면으로 설정한 메뉴는 반드시 공개해야 한다.

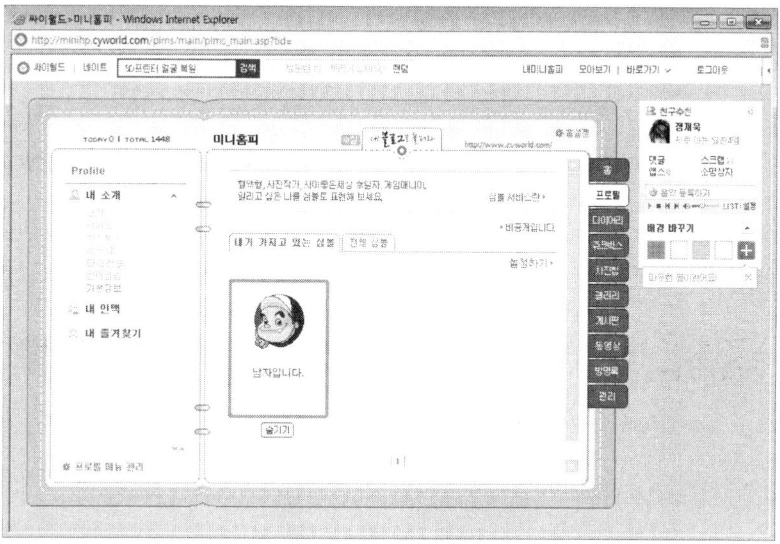

05 계정 설정하기

① 프라이버시 설정하기

등록된 기본정보들 중 이름과 성별은 전체공개이며, 공개여부를 수정할 수 없다. 생년월일, 이메일, 집 전화, 휴대폰 번호 등은 사용자가 전체공개 및 비공개를 선택할 수 있다. 추가적인 프로필 항목들은 프로필 메뉴 관리를 통해 공개 여부 및 첫 화면을 설정할 수 있다. 또한 자신이 가입한 클럽 목록의 공개 여부도 설정할 수 있다.

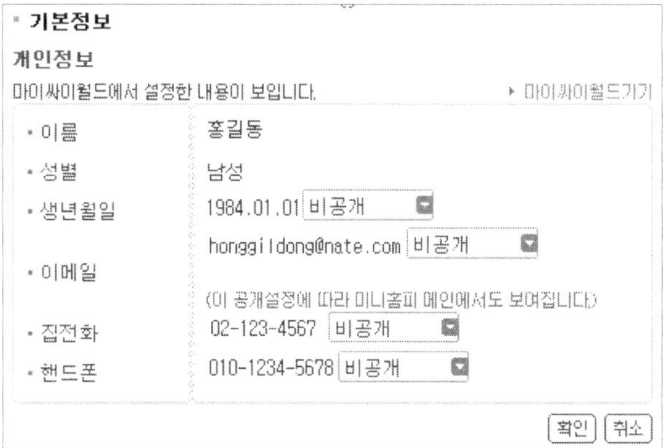

사용자는 마이싸이월드 페이지의 환경설정을 통해 기본적인 개인정보 외에 친구추천, 사람검색, 학교검색, 일촌온 등과 같은 싸이월드 서비스 내 본인 정보의 공개 허용 여부 또한 설정할 수 있다.

② URL 도메인 설정하기

사용자는 미니홈피 사용의 편의를 위해 자신의 미니홈피 도메인 주소를 설정할 수 있다. 도메인 주소를 설정할 경우 간단한 URL을 통해 본인의 미니홈피로 접속할 수 있다. 설정 방법으로는 미니홈피의 관리 메뉴를 클릭한 후 URL 설정 부분에서 자신의 도메인 주소를 작성한 후 중복 확인을 통과하면 해당 주소가 자신의 도메인 주소가 된다. 이후부터는 http://www.cyworld.com/설정URL을 통해서도 미니홈피에 접속할 수 있다.

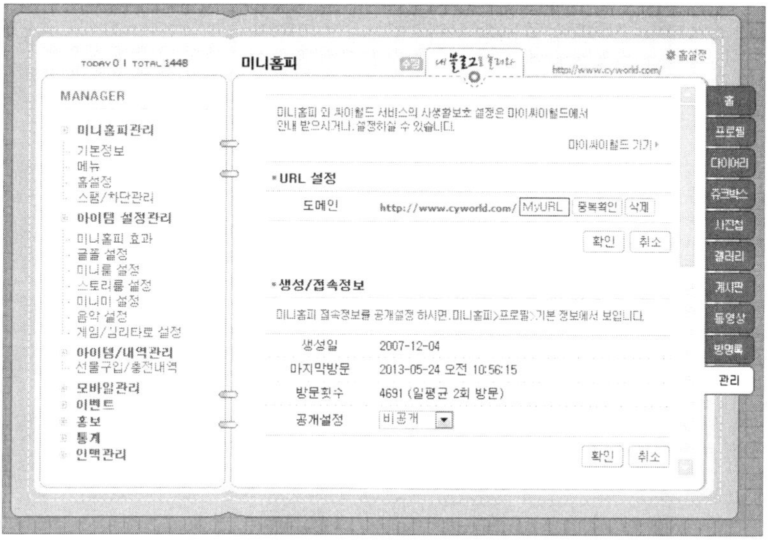

06 싸이월드 탈퇴하기

서비스 탈퇴는 정보수정에서 해지신청 메뉴를 통해 신청할 수 있다. 타인에 의한 탈퇴를 막기 위해 휴대폰 또는 이메일 인증을 지원한다. 사용자는 위 인증 중 한 가지를 통한 본인 인증을 통과한 후에 해지신청이 가능하다.

네이트와 싸이월드 복수 가입자의 경우 탈퇴하려는 사이트를 선택할 수 있다. 회원해지 시 회원 정보는 삭제되며 복구가 불가능하다. 도토리 및 캐시 잔액 역시 모두 삭제된다. 또한 네이트 아이디로 이용했던 사이트(네이트온, 이글루스, 튠도시 등)도 이용할 수 없다. 단, 공용 게시판 서비스에 등록한 게시물은 해지 후에도 삭제되지 않고 유지되며 타인의 미니홈피에 남긴 게시물 및 방명록 글도 유지된다.

해지불가 사유로는 가입된 자동결제 내역이 있는 경우, 네이트 아이디와 싸이월드 아이디의 도토리를 통합해서 사용하는 경우, 싸이월드 앱스토어에 등록된 앱이 있는 경우 등이 있다. 또한 사용자는 해지 신청 전 자동결제 및 도토리 통합을 해지하고 등록된 앱을 앱스토어 개발자센터에서 삭제해야만 해지신청이 가능하다.

2) 싸이월드 친구맺기

01 일촌 찾기

싸이월드는 인맥을 맺고자 하는 사람과 일촌 신청을 통해 '일촌'이라는 인맥 관계를 맺는다. 일촌 관계는 신청을 받은 상대방이 수락할 경우에만 맺어진다.

① 사람검색하기

사람검색은 메인화면의 검색창 상단에 있는 사람검색 버튼을 통해 수행할 수 있다. 기본적인 인적 사항인 이름(또는 이메일), 성별, 생년월일 외에도 학교명 및 입학년도, 인기, 관심사 등 다양한 항목들을 입력해서 자신이 찾고자 하는 사람을 검색할 수 있으며, 이름 및 전화번호를 통한 검색도 가능하다.

② 일촌 추천받기

싸이월드는 사람검색 과정에서 자신의 일촌과 일촌관계인 사람들을 '이촌(친구의 친구)'으로 추천한다. 또한 사용자가 등록한 학교 및 직장 정보를 통해 동일한 학교 또는 직장을 등록한 사용자를 추천한다.

제4장

02 일촌 맺기

인맥관리 메뉴를 통해 인맥을 맺고자 하는 사람에게 일촌을 신청할 수 있다. 일촌이 되고자 하는 사람의 이름을 누른 후 인맥관리 메뉴에서 일촌맺기를 클릭한다.

일촌을 신청하는 사람은 자신과 상대방의 관계를 표현하는 일촌명(닉네임)과 신청 메시지를 작성한다. 메시지를 받은 상대방이 수락할 경우 일촌관계가 맺어진다.

03 일촌 관리하기

싸이월드는 인맥을 맺고자 하는 사람과 일촌 신청을 통해 '일촌'이라는 인맥 관계를 맺는다. 일촌 관계는 신청을 받은 상대방이 수락할 경우에만 맺어진다. 일촌 관리 페이지는 미니홈피의 관리 메뉴를 클릭한 후 인맥관리를 통해서 이동할 수 있다.

① 그룹 활용하기

그룹을 생성하여 자신과 일촌 관계인 사람들을 관리할 수 있다. 각 그룹별로 콘텐츠의 공개여부 설정이 가능하며, 자신의 콘텐츠를 특정 그룹만이 볼 수 있도록 설정할 수 있다. 또한 그룹관리 메뉴를 통해서 기본 그룹을 지정하고 그룹명도 수정할 수 있다.

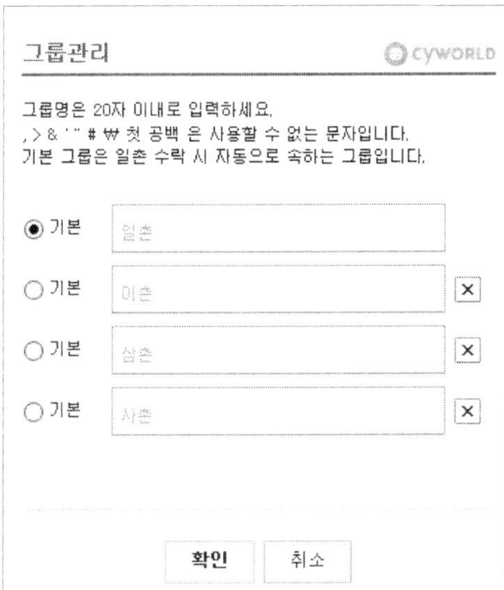

② 일촌 변경하기

일촌신청 시 작성했던 일촌명을 변경하고자 할 때 이용한다. 인맥 관리 페이지에서 변경하고자 하는 사람의 이름을 클릭한 후 변경 버튼을 클릭해서 일촌명 변경을 클릭한다.

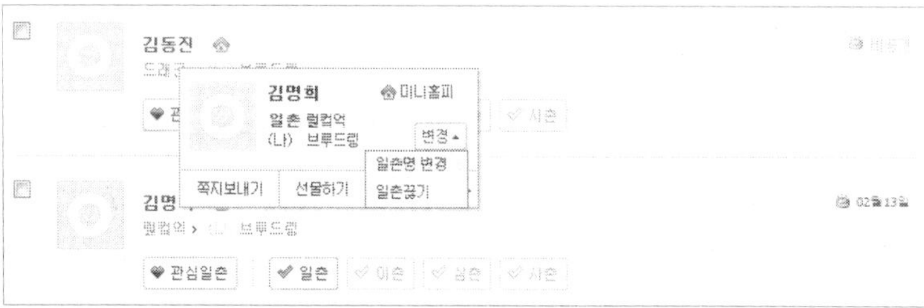

새로운 일촌명을 작성한 후 상대방에게 일촌변경을 신청한다. 상대방이 수락할 경우 새로운 일촌명으로 변경된다. 일촌변경 요청 시 랜덤일촌명 버튼을 클릭하여 임의로 상호간의 일촌명을 설정할 수 있다.

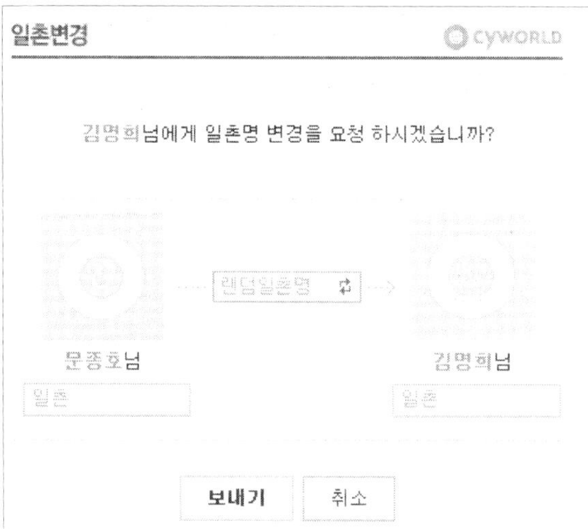

04 팬되기

상대방의 수락 없이 관계를 맺는 방법으로 신청만 하면 팬 관계가 된다. 팬 관계를 맺을 경우 상대방의 전체공개 게시물을 모아보기에서 편리하게 볼 수 있다.

팬 관계를 해지하고 싶을 때 팬끊기를 통해 관계를 해지할 수 있다. 자신을 따르는 특정 팬이 싫을 경우 팬 목록에서 삭제할 수 있다. 또한 지속적인 팬 등록을 원치 않을 경우 특정 인물을 차단할 수 있다.

팬은 마이싸이월드의 일촌/팬 페이지에서 관리할 수 있다.

05 일촌 끊기

일촌관계를 해지하고자 할 때 이용한다. 일촌관계를 해지해도 상대방에게 해지사실이 통보되지 않는다. 상대방의 미니홈피에 등록한 댓글 및 방명록 등의 콘텐츠는 그대로 유지된다. 일촌 끊기는 일촌을 관계를 해지하고자 하는 상대방의 미니홈피 또는 마이싸이월드 페이지에서 수행할 수 있다. 해지하고자 하는 상대방의 이름을 클릭한 다음 변경을 클릭한 뒤 일촌끊기를 클릭한다.

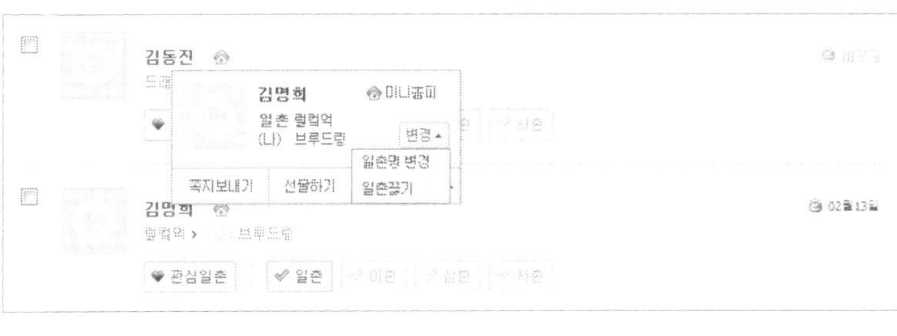

3) 콘텐츠 공유하기

01 미니홈피에 글쓰기

싸이월드의 콘텐츠는 대부분 미니홈피를 통해 생성한다. 미니홈피는 사진첩, 갤러리, 게시판, 동영상, 방명록 등 다양한 메뉴를 포함하며, 각 메뉴의 콘텐츠들은 폴더를 생성하여 관리할 수 있다.

① 글 남기기

미니홈피는 게시판을 통해 글쓰기 기능을 제공한다. 작성한 글에 문서, 이미지, 동영상, 파일, 리뷰, 음악링크, 설문, 지도 등 다양한 콘텐츠를 첨부할 수 있다. 또한 관련 단어를 태그로 추가할 수 있으며 콘텐츠 등록 시 공개 설정 범위 및 스크랩허용, 검색 및 공감 허용 여부도 설정한다.

② 작성한 글 삭제하기

콘텐츠는 해당 콘텐츠를 작성한 사용자와 해당 콘텐츠를 등록한 곳의 주인만이 삭제할 수 있으며 삭제 버튼의 클릭을 통해 수행한다.

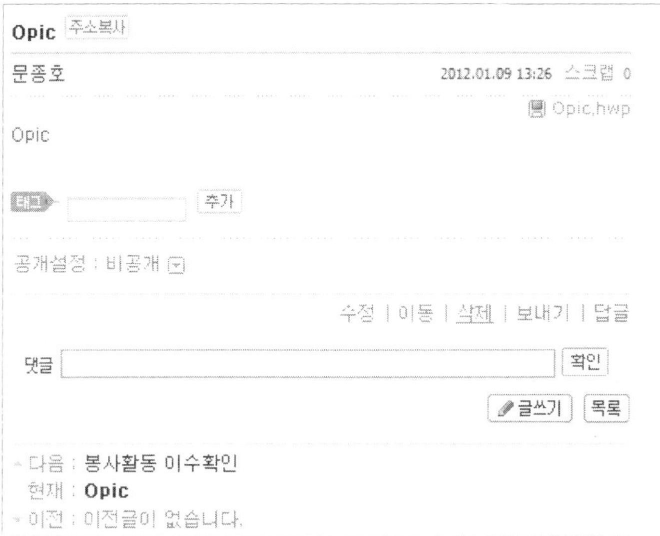

02 사진 및 동영상 올리기

① 사진 올리기

사진 콘텐츠를 생성하여 글과 함께 등록한다. 싸이월드에서 제공하는 도구를 이용하여 개별 사진에 효과를 입히고 보정하는 것이 가능하다. 또한 여러 장의 사진을 한 장으로 편집하거나 플래시 형태로 생성할 수 있다.

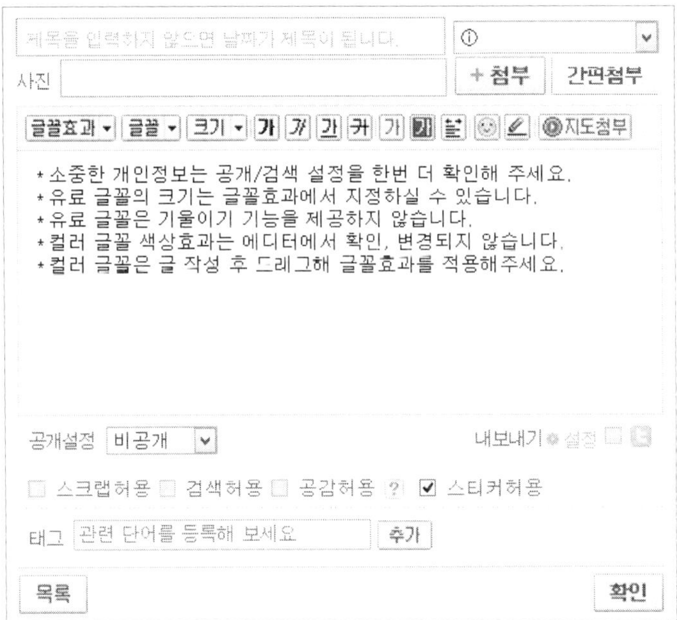

② 동영상 올리기

동영상 형태의 콘텐츠를 첨부해서 글과 함께 등록한다. 게시판의 경우에도 동영상 첨부 기능을 지원하나 용량 제한이 100MB로 제한적이다. 반면에 동영상 메뉴에서는 용량 제한이 300MB이다. 또한 싸이월드에서 제공하는 도구를 사용한 동영상 편집과 업로드가 용이하다. 웹캠을 사용한 동영상 첨부도 가능하다.

③ 작성한 사진 및 동영상 삭제하기

사진 및 동영상 콘텐츠는 해당 콘텐츠를 작성한 사용자와 해당 콘텐츠를 등록한 곳의 주인만이 삭제할 수 있으며 삭제 버튼의 클릭을 통해 수행한다.

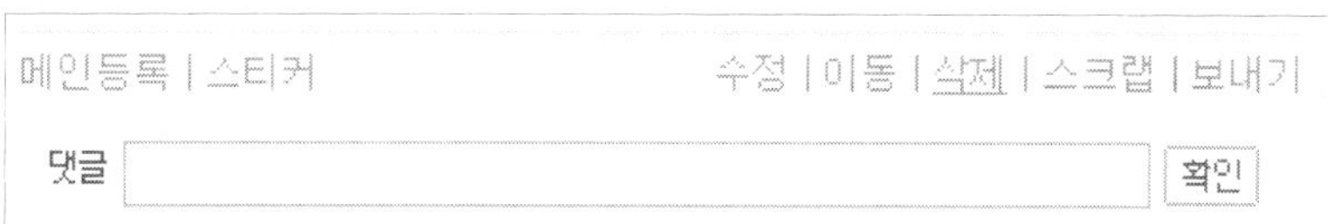

03 그림 그리기

싸이월드는 미니홈피의 갤러리 메뉴를 이용해서 마우스로 그림을 그린 후 등록할 수도 있다. 총 4개의 사이즈로 작성할 수 있으며 스프레이, 번짐, 투명 효과 등을 이용해서 다양한 그림 연출이 가능하다.

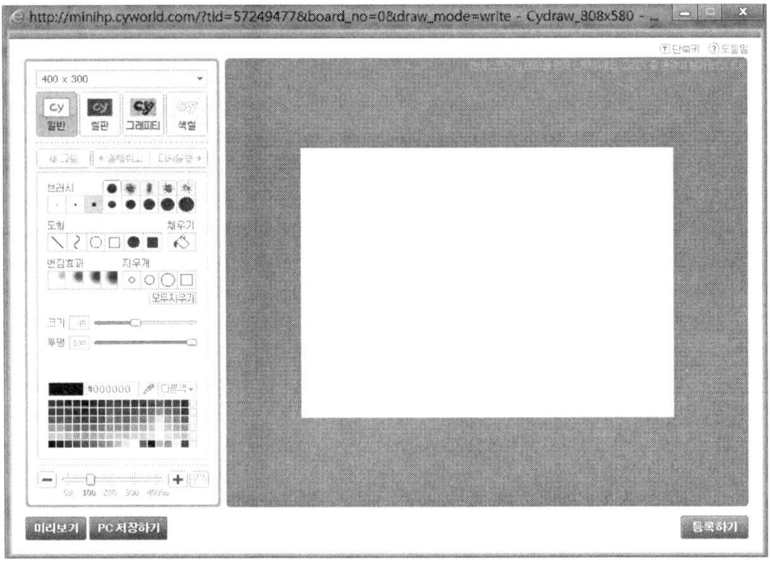

04 다이어리 작성하기

미니홈피의 다이어리 메뉴를 이용하면 다양한 기능을 제공하는 다이어리 작성 및 관리가 가능하다. 다이어리를 통해 작성되는 글은 날씨나 기분 등을 표시할 수 있으며 속지(배경)도 설정할 수 있다. 또한 이미지, 동영상 등을 첨부할 수 있으며 직접 그림을 그리거나 갤러리의 그림 등을 첨부할 수도 있다.

다이어리는 영화, 만화, 책, 음악 등의 리뷰 등록도 가능하며 여러 사람들과 공유하는 공유 다이어리, 일정 관리, 가계부 등 다양한 기능을 제공한다.

4) 친구와 소통하기

01 스크랩과 댓글달기

미니홈피에 게시된 콘텐츠는 콘텐츠별로 공개여부를 설정하거나, 폴더를 생성하여 관리할 수 있다. 콘텐츠의 공개 범위는 '전체공개', '일촌공개', '비공개'로 분류된다. '전체공개' 콘텐츠는 비회원을 포함하는 모든 사용자가 접근할 수 있으며, '일촌공개' 콘텐츠는 게시자와 일촌 관계인 사람만이 접근 가능하다. 단, 게시된 콘텐츠를 일촌 관계인 사람(B)이 스크랩했을 경우, 그 일촌(B)의 일촌(C)은 원본 콘텐츠에는 접근이 불가능하지만 스크랩된 콘텐츠에는 접근이 가능하다. 아래 그림은 싸이월드 '일촌공개' 콘텐츠의 접근 허용 범위에 대한 기본 개념도를 나타낸다.

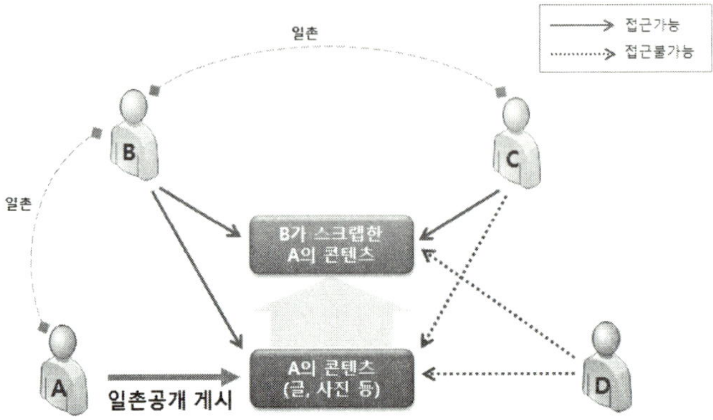

① 스크랩하기

스크랩이 허용된 콘텐츠의 경우 콘텐츠 우측 하단의 스크랩 버튼을 통해 자신의 미니홈피로 가져오는 것이 가능하다. 스크랩 시 해당 콘텐츠의 공개 범위는 등록된 콘텐츠의 공개 범위와 동일하게 설정된다. 즉, 일촌 공개로 게시된 콘텐츠를 스크랩할 경우 일촌 공개로 자동으로 설정되며, 비공개로 설정할 수는 있지만 전체 공개로 설정하는 것은 불가능하다. 전체 공개로 게시된 콘텐츠를 스크랩할 경우에는 자신이 공개 범위를 임의로 정할 수 있다.

② 댓글달기

전체 공개된 콘텐츠의 경우 누구나 댓글을 달 수 있다. 일촌 공개된 콘텐츠의 경우에는 일촌 관계인 사람만이 접근이 가능하므로 콘텐츠 게시자와 일촌 관계인 사람만 댓글 작성이 가능하다. 게시된 콘텐츠의 하단 부분에 자신이 남기고자 하는 댓글을 작성하여 확인 버튼을 누르면 댓글 작성이 완료된다. 또한 댓글 작성시 '@이름'을 입력하면 자신과 일촌 관계인 사람이 자동으로 등록된다.

02 방명록 남기기

방명록은 미니홈피 방문자가 주인에게 단문 메시지를 남기는 공간이다. 미니홈피 주인의 설정 여부에 따라 비회원도 글을 남길 수 있다. 방명록 작성 시 방문자가 공개 여부를 설정할 수 있으며, 비공개로 설정할 경우 미니홈피의 주인만 확인할 수 있다. 또한 방문자가 공개로 방명록을 작성한 경우에도 주인이 비공개로 변경할 수 있다. 타인의 미니홈피를 방문한 후 방명록 메뉴를 통해 남기고자 하는 글을 작성할 수 있다.

03 메시지 주고받기

싸이월드에서 제공하는 메시징 기능은 문자 보내기와 싸이월드 쪽지 및 문자쪽지가 있다. 문자 보내기는 SMS 문자 서비스를 이용하는 것으로, 문자쿠폰을 구매해서 사용하는 유료 서비스다. 싸이월드 쪽지는 400자 이내의 단문 메시지를 전달해주는 서비스다. 마지막으로 문자쪽지는 쪽지 내용을 안심번호를 통해 SMS로 전달해주는 서비스로 휴대폰 번호의 노출 없이 쪽지를 문자처럼 주고받을 수 있다. 전송 건당 20원(수신자 무료)의 비용이 드는 유료 서비스다.

메시지를 전달하고자 하는 상대방의 미니홈피 또는 마이싸이월드 페이지에서 이름을 클릭한 후 쪽지보내기를 클릭한다.

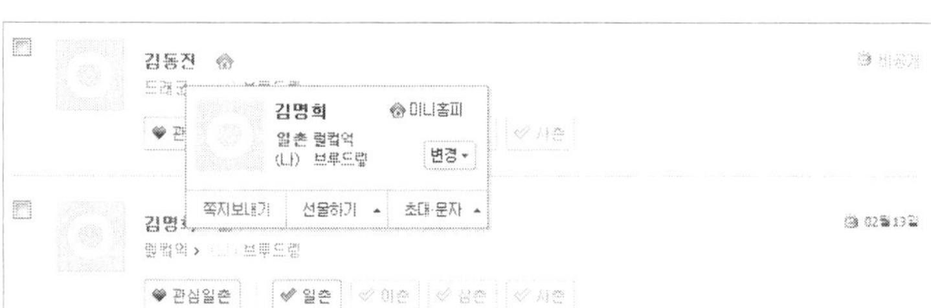

04 일촌평 남기기

일촌평은 한 줄 분량의 메시지로서 다른 사람의 미니홈피에 방문해서 작성할 수 있다. 작성된 일촌평에 덧글을 통해 작성자와 소통할 수도 있으며 덧글 작성은 일촌평 우측에 있는 화살표 버튼을 클릭하면 된다.

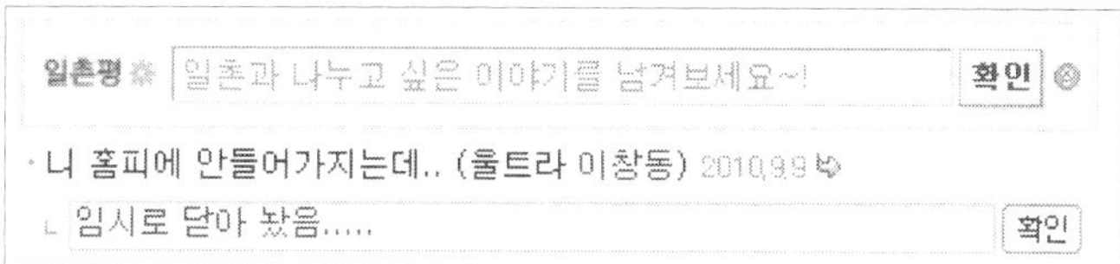

5) 부가서비스 활용하기

01 쥬크박스

싸이월드는 쥬크박스 메뉴를 통해 미니홈피의 배경음악을 설정할 수 있다. 배경음악은 별도로 구매를 해야 사용할 수 있으며 웹노래방에서 자신이 부른 곡을 등록해서 배경음악으로 설정할 수도 있다.

02 미니미와 꾸미기룸

싸이월드에서는 미니미, 꾸미기룸(미니룸, 스토리룸)을 위한 기본적인 아이템들을 제공한다. 사용자는 무료로 제공되는 기본 아이템 외에도 유료 아이템을 구매하여 자신만의 미니미, 미니룸, 스토리룸을 생성할 수 있다. 또, 자신의 미니홈피를 다양한 아이템 구매를 통해 꾸밀 수 있다.

① 미니미

미니미는 사용자의 분신인 아바타 개념이며 미니홈피 개설 시 기본 미니미가 생성되어 있다. 미니미는 다양한 아이템을 사용해서 설정할 수 있으며 설정된 미니미는 방명록 작성 시 같이 등록된다.

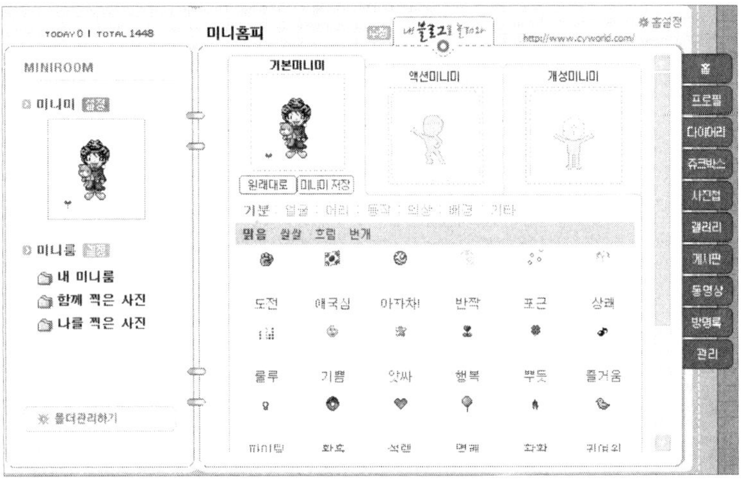

② 미니룸

미니룸은 미니미와 함께하는 미니홈피 안의 작은 공간이다. 미니룸도 미니미와 같이 아이템을 활용해서 꾸미는 것이 가능하지만 미니미와는 달리 유료 아이템을 구매해야만 한다. 미니룸 안에 말풍선을 삽입할 수 있으며 다른 사람과 커플 미니미를 맺을 수도 있다. 커플 미니미를 맺을 경우 미니룸 안에 미니미가 함께 나타난다.

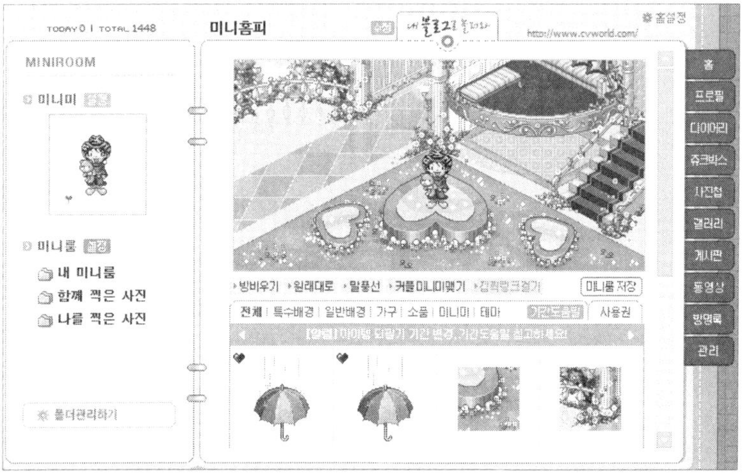

③ 스토리룸

스토리룸 역시 아이템을 활용하여 꾸미는 공간이지만 사용자가 원하는 사진을 이용할 수 있는 점이 미니룸과의 차이점이지만 유료 아이템을 구매해야만 하는 점은 동일하다.

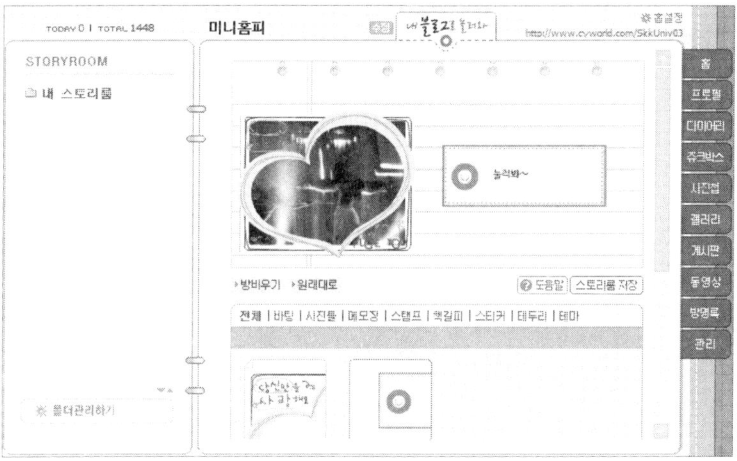

④ 미니홈피 효과

사용자는 미니홈피의 관리 메뉴를 통해 미니홈피 효과를 설정할 수 있다. 싸이월드 홈페이지 내 선물가게를 통해 다양한 효과를 가진 아이템을 구매할 수 있으며 구매한 아이템은 곧바로 적용이 가능하다. 미니홈피의 배경을 설정할 수 있는 스킨을 비롯하여 글씨체, 장식고리, 메뉴효과, 마우스효과, 이름아이콘, 플래시콘, 배너 등 다양한 아이템을 적용할 수 있다.

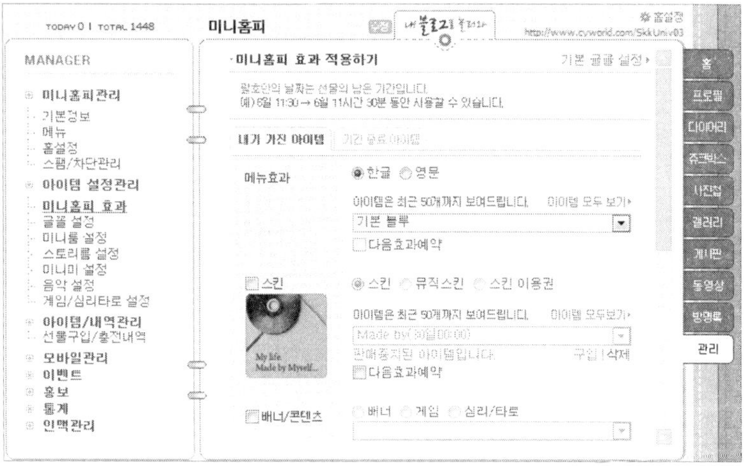

PART

05

Google+

1) Google+ 시작하기

01 Google+ 소개하기

Google+(https://plus.google.com/)는 2011년 Google이 새롭게 선보이는 소셜 네트워크 서비스이다. 기존 Google의 지메일(Gmail) 계정만 있으면 누구나 사용할 수 있으며, 사용자가 올리는 정보 공개의 수준을 결정할 수 있다. 주제별로 사용자가 쓴 글과 웹 정보를 동시에 검색할 수 있고, 최대 10명의 사용자가 함께 영상 채팅을 할 수 있는 행아웃(Hangout) 기능도 갖추고 있다. Google+의 인터페이스는 기존의 SNS인 페이스북과 트위터의 장점을 합친 형태를 띠고 있다.

02 Google+ 가입하기

Google+는 Google의 이메일 서비스인 지메일(Gmail) 계정만 있으면 누구나 이용이 가능한 장점이 있다. 물론 지메일을 사용하지 않고 Google+만을 사용하고자 하는 사용자들에겐 단점일 수 있다. 필자는 지메일을 사용하기 때문에 장점이라고 생각한다. Google 홈페이지에서 'Google+'를 입력하여 링크를 따라가도 되며, 직접 해당 홈페이지 주소를 입력하여 접속할 수도 있다. 계정 생성은 무료이며 다음과 같은 절차로 진행한다.

① 새 Google 계정 만들기

Google+는 Google 통합 계정으로 서비스로 이용할 수 있다. 계정이 없을 시에는 Google 계정을 생성하여 사용한다. 계정 생성은 무료이며 우측 상단의 **[가입하기]** 버튼을 이용한다.

'새 Google 계정 만들기' 페이지에서는 기본적인 인적 사항인 이름, 사용자 이름(주로 아이디라고 일컬음), 비밀번호, 생년월일, 성별, 휴대전화 번호 등을 입력한다. 이름과 생년월일 등 인정 사항은 별다른 인증과정을 거치지 않기 때문에 허위로 작성 가능하다. 하지만, 추후에 다른 유저들과 소통을 하기 위해서는 정확한 내용을 기입하는 것이 좋다. 사용자이름은 문자, 숫자, 마침표를 이용하여 만들 수 있다. 비밀번호는 최소 8자 이상, 문자, 숫자, 기호를 조합하여 만드는 것이 좋으며, 타인이 추측하기 어려운 배열이어야 한다. 휴대전화는 추후에 비밀번호가 기억나지 않을 경우, 휴대전화로 간단한 인증과정을 거치면 비밀번호를 임시 발급받을 수 있다. 현재 이메일 주소 또한 동일한 기능을 가진다. 끝으로 자동 가입 방지는 매크로를 통해 계정을 생성하지 못하도록 매번 다른 문자를 화면에 띄워준다. 이를 그대로 아래 빈칸에 입력하면 다음단계로 넘어갈 수 있다.

② 프로필 만들기

개인 정보 입력을 마치고 다음 단계로 넘어가면 앞으로 사용하게 될 프로필 작성을 요구한다. 이 과정은 Google+ 내에서도 작성이 가능하며, 1-(4)에서 자세히 소개하기로 한다. 다음 단계로 곧바로 넘어가도 무방하다. 프로필 작성 단계가 끝나면 계정이 생성되고 서비스를 이용할 수 있다.

③ Google+ 가입하기

Google+를 처음 이용 시 Google 계정으로 추가적인 가입 절차가 필요하다. 우측 상단의 화살표가 가리키는 아이콘을 클릭하면 **[Google+ 가입하기]** 버튼이 있으며 클릭만 하면 곧바로 Google+ 이용이 가능하다. 이렇게 두 번의 가입절차를 거치게 되는 이유는 Google에 가입을 하고, Google에서 제공하는 Google+에 또 한 번 가입하기 때문이다. 다른 메일을 사용하면서 Google+만을 사용하고자 하는 사용자들에게는 분명히 불편한 시스템일 것이다. 이 부분은 방도가 없으니 Google의 정책에 따르도록 한다.

03 로그인과 로그아웃하기

로그인 과정은 가입하기를 시작했던 Google+ 메인화면에서 이루어진다. 아이디와 비밀번호를 정확하게 입력하도록 한다. 비밀번호를 잘못 입력하게 되면 위와 같이 입력한 사용자이름 또는 비밀번호가 잘못되었다고 경고가 뜬다. 이는 허위 사용자가 비밀번호를 무작위로 입력하는 것을 방지하기 위한 문구로 사용자이름도 잘못된 것처럼 보이게 하는 장치이다. 즉, 비밀번호만 다시 재입력하면 된다. 또한, 비밀번호는 대문자와 소문자를 구분하기 때문에, Caps Lock이 눌러지진 않았는지 확인하도록 한다.

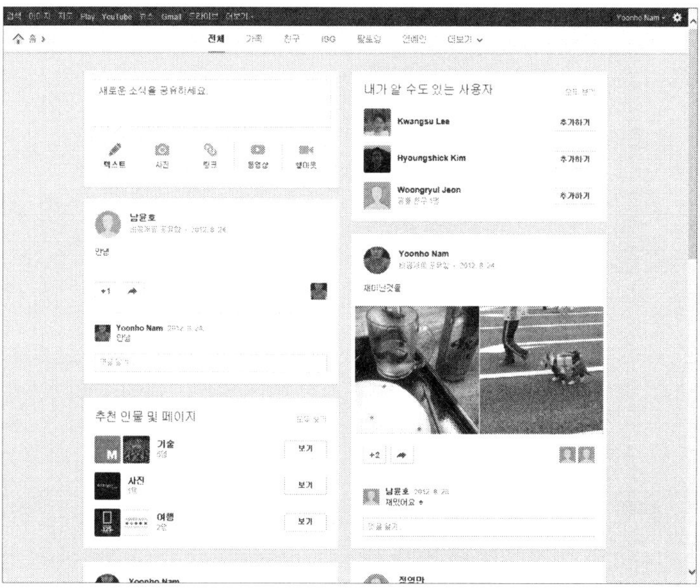

로그인을 하게 되면 위와 같은 자신의 메인 페이지가 나온다. 이 페이지 내에서 앞으로의 모든 서비스를 이용할 수 있다. 서비스에 관련된 내용은 다른 장들에서 다룬다.

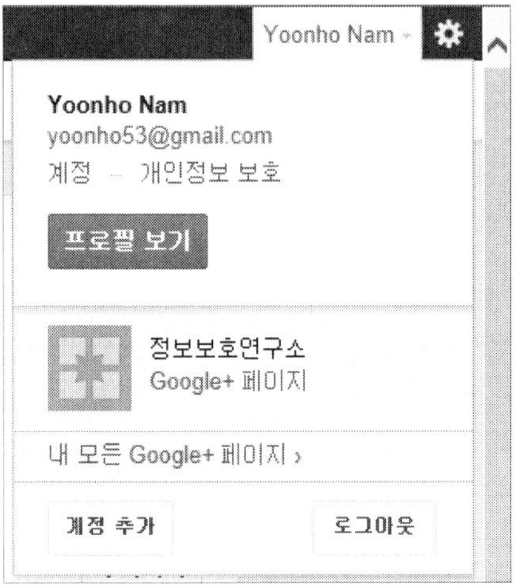

로그아웃은 메인 페이지에서 우측 상단에 나타나는 프로필 사진을 누르게 되면 위와 같은 작은 창이 뜬다. **[로그아웃]** 버튼을 누르게 되면 최초 로그인 했던 페이지로 돌아간다.

04 프로필 작성하기

프로필 작성은 자신의 인적 사항과 관심 분야를 작성하는 단계이다. 타인이 자신을 알아볼 수 있게 사진이나 자기소개 또는 자신과 관련된 고유한 정보를 기입하게 된다. 물론 프로필 작성 부분은 선택적인 사항이며, 기입한 내용을 설정에 따라 공개 여부를 결정할 수도 있다. 이러한 프로필 작성은 소셜 네트워크 서비스 상에서 더 많은 서비스를 제공받게 해준다. 예를 들면, 자신이 다녔던 학교를 기입함으로써 동창생을 추천해주는 서비스를 받을 수 있다. 또한, 메일주소는 검색을 통해 자신을 찾거나 다른 사용자들을 찾을 수도 있으니 정확한 내용을 기입하는 것이 좋다.

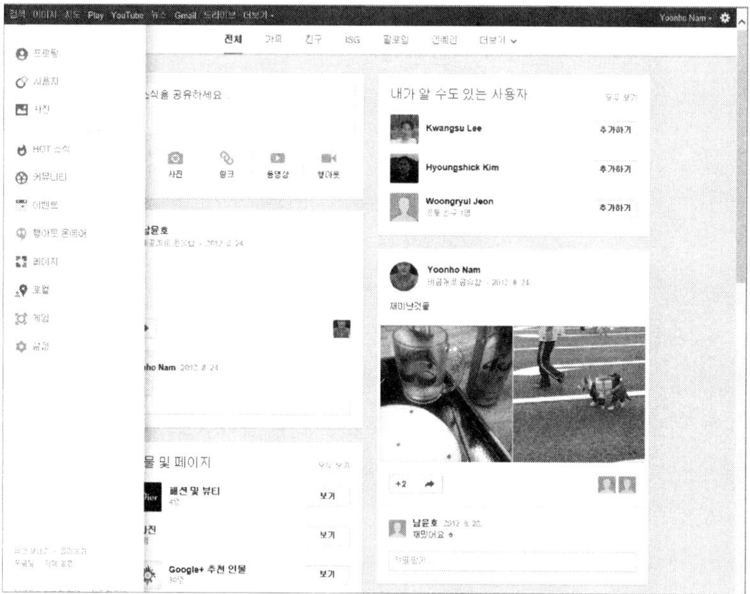

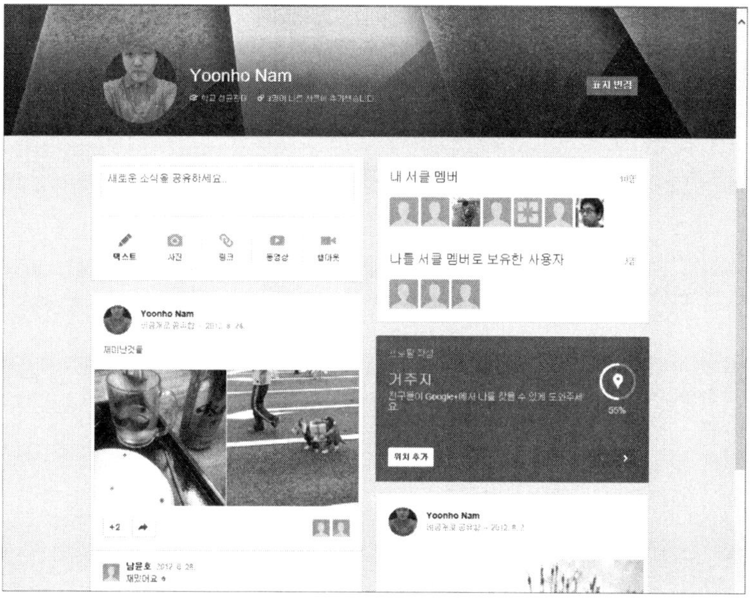

자신의 프로필은 메인페이지에서 좌측에 있는 홈에 커서를 올리면 여러 가지 탭이 나타나고, 그 중 '프로필' 탭을 통해서 이용할 수 있다. 프로필

탭을 누르면 위와 같은 페이지가 뜨고 프로필 작성란이 나타난다. 좌우 화살표를 누르면 사용자, 소개, 직장, 학력, 기본 정보, 살았던 장소, 링크, 연락처 정보를 기입할 수 있는 화면으로 바뀌므로 하나하나 눌러보도록 한다. 각 정보란에서 추가 버튼을 누르면 정보를 입력하는 화면이 나타난다. 간단한 예로 직장 정보를 추가하는 과정이다.

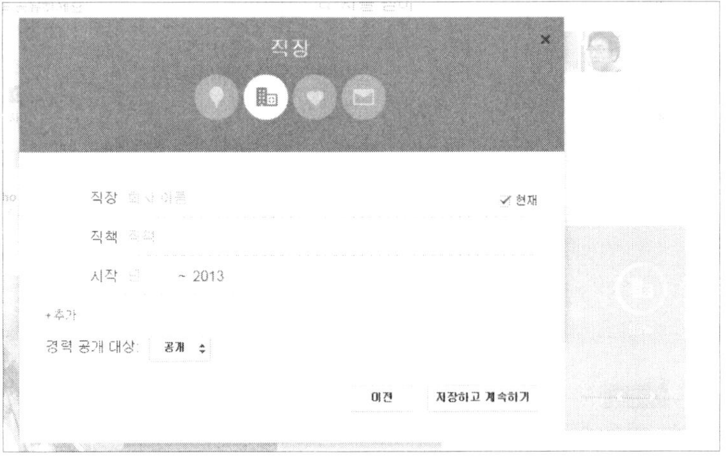

직장 란에서 추가 버튼을 누르면 위와 같이 직장 정보창이 나타난다. 직장명, 직책, 근무 기간에 대해 입력하고 '저장하고 계속하기'를 누르면

끝이다. 우측에 있는 '현재'를 누르면 과거에 일했던 장소로 나타낼 수도 있다.

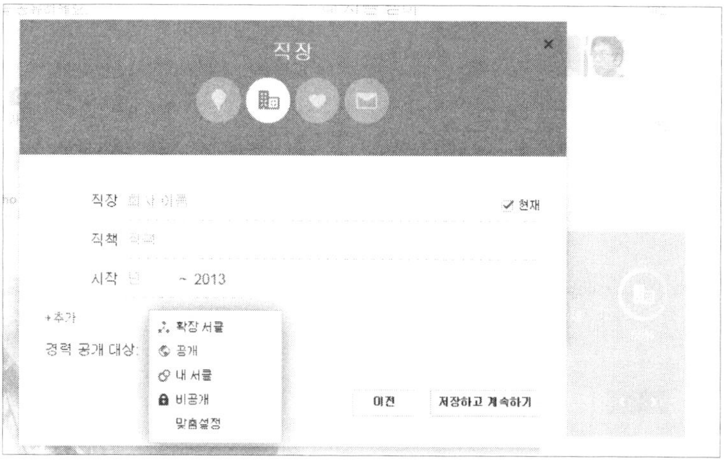

아래의 경력 공개 대상은 정보 공개 범위를 지정할 수 있다. '확장 서클'의 경우에는 자신의 서클에 있는 멤버의 서클에 존재하는 멤버들도 이 정보에 접근이 가능하다. 즉, 친구의 친구까지의 범위이다. '공개'의 경우에는 모든 사용자에게 정보를 공개한다. '내 서클'의 경우에는 내 서클에 존재하는 멤버들만 접근 가능하다. '비공개'는 말 그대로 자신만 볼 수 있으며, 끝으로 '맞춤설정'은 지정된 멤버나 서클만이 접근가능하게 설정할 수 있다. 수정이 완료되면 저장 이후 **[수정 완료]** 버튼을 누르면 된다. 프로필의 정보는 Chapter 2-(2)에서 소개할 멤버 추천에 영향을 끼치므로 정확하게 기입하는 편이 좋다. 2-(2)에서 자세한 설명을 하도록 하겠다.

05 계정 설정하기

계정 설정은 Google 계정에 접근할 수 있는 단계이다. Google 플러스에 국한된 것이 아니라는 말이다. 계정 설정은 총 5가지로 나누어진다. 계정, 보안, 프로필 및 개인정보 보호, Google+, 그리고 제품으로 이루어진다. 계정 설정은 두 가지 경로로 실행할 수 있다.

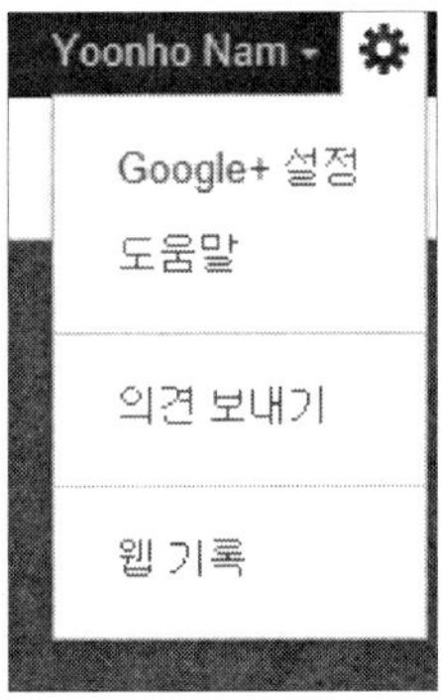

메인 페이지에서 좌측 그림과 같은 아이콘을 누르게 되면 '설정' 탭을 누르면 계정 설정 페이지로 넘어가게 된다. 마찬가지로 메인페이지에서 우측 상단에 있는 톱니바퀴 모양의 그림을 누르게 되면 우측그림과 같은 화면이 생긴다. 'Google+ 설정'을 누르게 되면 동일한 계정 설정 페이지로 이동이 가능하다.

① 계정

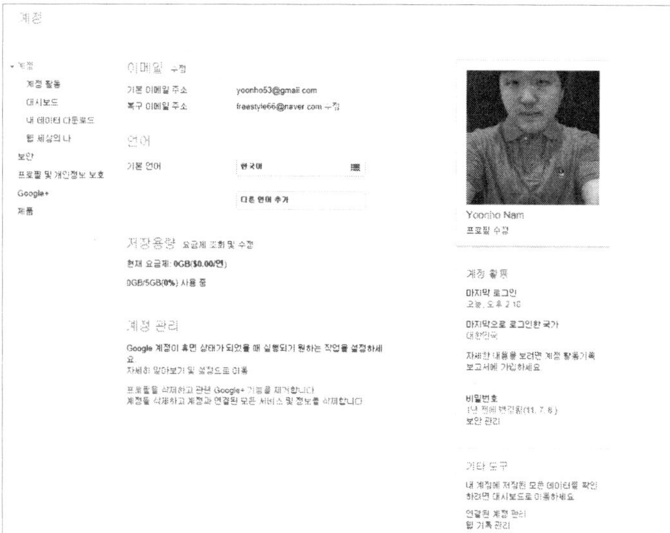

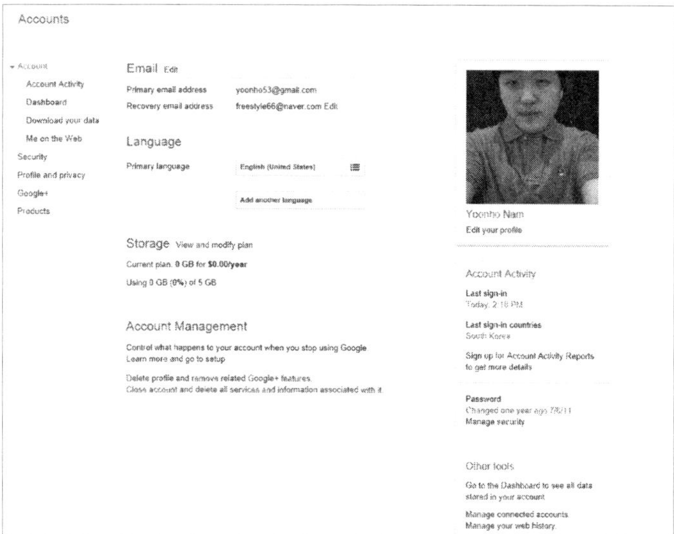

계정 단계에서는 이메일 주소와 언어, 저장용량을 포함한다. 이메일 주소 부분을 보면 수정하기가 있다. 기본 이메일 주소는 Google에서 사용하

제5장

는 아이디를 뜻하고, 복구 이메일 주소는 가입할 때 기입했던 Google외의 이메일이다. 나중에 Google 계정이나 비밀번호를 잊어버렸을 경우에 복구 이메일 주소를 통해서 계정이나 비밀번호를 찾을 수 있다. 언어는 웹 페이지를 나타낼 언어를 뜻한다. 아래는 영어로 바꿨을 때의 페이지다.

계정에는 4가지 탭이 있다. 계정 활동, 대시보드, 내 데이터 다운로드, 웹 세상의 나로 이루어진다. 계정활동은 자신이 현재 거주하고 있는 국가를 선택할 수 있다. 중요하지 않은 페이지이니 넘어가도록 한다. 대시보드는 Google에서 제공하는 또 다른 서비스이다. 대시보드를 이용하는 사용자는 Google+와 연동을 할 것인가를 묻는다. 이 부분도 넘어가도록 한다. 내 데이터 다운로드는 Google+외에도 Google에서 사용한 사진, 프로필 데이터, 소식들, 주소록 등 모든 데이터를 백업의 차원에서 자신의 컴퓨터에 저장할 수 있게 해준다. 중요한 사진이나 주소록은 백업해두는 것도 좋다.

웹 세상의 나는 소셜 기능을 하기 위한 키워드, 프로필을 작성하는 부분이다. 내 이름 검색은 다른 사용자들이 나를 어떤 단어로 검색할지에 대한 내용이다. 즉, 자신의 이름, 별명, 또는 학교 등 자신을 나타내는 단어로 지정해 놓으면 추후에 다른 사용자들이 자신을 찾기 쉬워진다. 이 부분은 소셜 기능중 가장 중요한 부분이라고 생각한다. 프로필 부분은 이미 프로필 작성에서 완료했기 때문에 넘어가도록 한다.

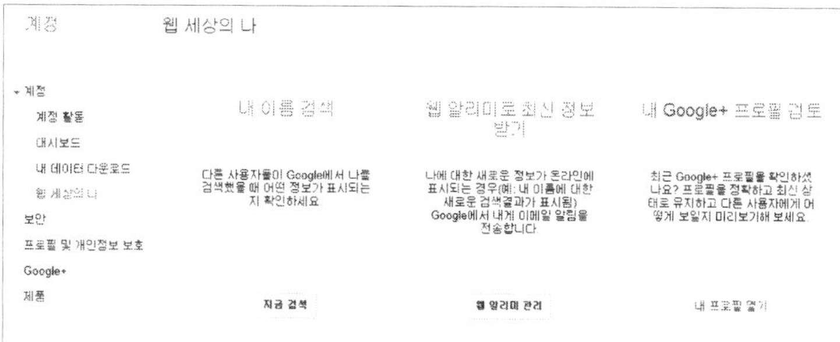

② 보안

보안 단계에서는 비밀번호 변경이 가능하며, 비밀번호를 잊어버린 경우에 계정 복구 옵션을 통해서 찾을 수 있다. 비밀번호는 3개월에 한번씩, 즉, 주기적으로 교체하는 것이 좋다. 다른 사이트들과 마찬가지로 비밀번호는 언제 어떻게 노출될지 모르기 때문에 수시로 교체하는 것이 제일 좋은 보안 방법이다.

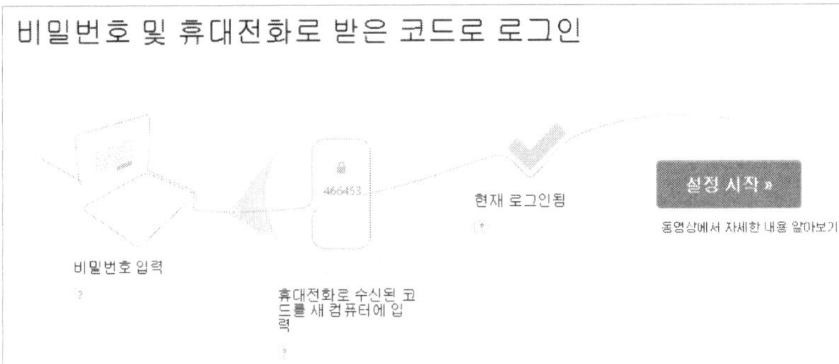

2단계 인증 부분은 비밀번호 이외에 휴대폰을 이용한 추가 보안 설정을 의미한다. 자신이 평소에 쓰던 컴퓨터가 아닌 새로운 기기에서의 접속을 할 때 주로 사용하며, 우선 비밀번호를 입력하면 Google에서 특수 코드를 휴대폰으로 송신하게 되고, 수신된 코드를 다시 컴퓨터에 입력하는 과정을 거치게 된다. 즉, 비밀번호가 노출이 되더라도 휴대폰 인증이 없으면 접속할 수 없다. 비밀번호의 경우 쉽게 노출될 수 있기 때문에 이러한 추가적인 보안 장치를 설정해놓는 것도 좋은 방법이다. 2단계 인증을 위해서는 프로필 작성 시에 정확한 휴대폰 번호를 입력하는 것이 필수다.

애플리케이션 및 사이트 인증 부분에서는 휴대폰에서의 Google+ 또는 Google 토크와 같은 애플리케이션 또는 Microsoft Outlook과 같은 지메일을 연동하는 프로그램들 그리고 타 사이트에 대해 2중 인증을 거치는 과정을 의미한다. 기존의 Google 비밀번호 외에 새로운 애플리케이션 비밀번호를 생성하여 2개의 비밀번호를 가지는 이중 보안 장치인 셈이다.

③ 프로필 및 개인정보 보호

이 단계에서는 작성된 프로필과 개인정보에 대해 수정하고 공개 수준을 설정할 수 있다. 각 수정 버튼은 해당 페이지로 이동하여 수정을 거치게 되므로 자세한 설명은 생략한다. (예: '프로필에서 공개 여부 수정' 클릭 시 1-(4)에서 설명한 프로필 수정 페이지로 이동)

④ Google+

Google+ 단계에서는 Google+에서의 데이터 공개 범위 설정, 알림 설정이나 이메일 구독 관리 등을 설정한다. 알림의 경우, 새로운 소식이 작성되거나 댓글이 달리는 등 여러 가지 상황이 있으며 사용자가 원하는 상황마다 체크를 할 수 있다. 백문이 불여일견이므로 이 단계는 직접 해보기를 바란다.

⑤ 제품

제품 단계에서는 자신이 사용하고 있는 Google 서비스가 표시되며, 각 아이콘을 누르면 해당 서비스로 이동한다. Google에서 제공하는 캘린더, Google Play 등 여러 서비스들과 연동을 할 수 있는 기능을 제공한다.

06 Google+ 탈퇴하기

Google+ 탈퇴하는 방법에는 2가지가 있다. Google+와 관련된 자료만 완전삭제하고 Google 계정을 유지하는 방법과 Google+를 비롯한 Google 계정에 관련된 모든 데이터를 삭제하는 방법이 있다. Google+ 탈퇴는 1-(5)에서 설명한 서비스 부분에서 진행된다.

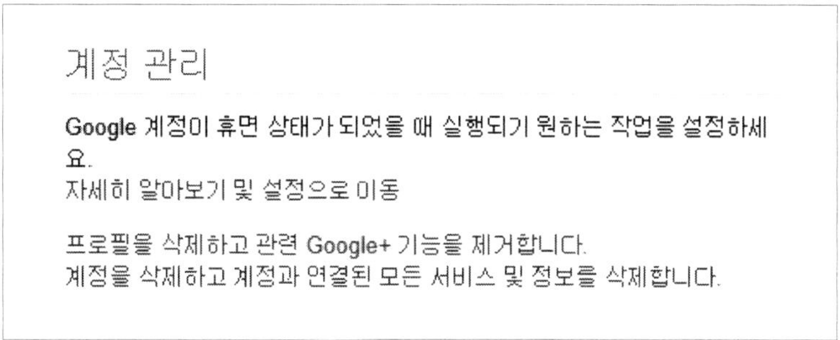

① 프로필 및 Google+ 기능 제거

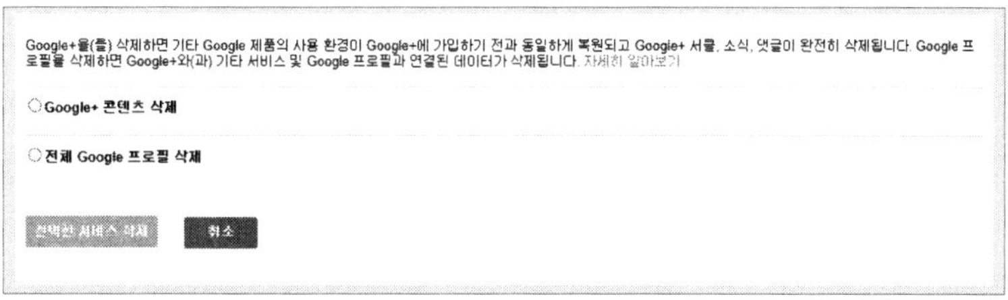

프로필 삭제 및 Google+ 기능 제거를 클릭하면 아래와 같은 화면이 나타난다. Google+ 콘텐츠 삭제와 전체 Google 프로필 삭제가 있다. 전자의 경우는 Google+에서 사용한 서클이나 +1, 작성한 소식, 댓글 등 Google+와 관련된 모든 내용이 삭제된다. 후자의 경우에는 Google 계정 전체의 프로필에 영향을 미치며 해당 프로필을 삭제하는 기능이다. 데이터를 삭제하는 이유는 Google+ 사용을 중지한 후에도 자신의 데이터들이 오용되는 경우를 방지하기 위함이다.

② 전체 Google 계정 삭제

Google 계정 삭제를 클릭하면 Google에서 제공하는 모든 서비스에서의 계정을 삭제할 수 있다. Chrome 동기화, Gmail, Google 토크, YouTube 등 삭제할 항목들을 선택할 수 있으며, 일단 삭제를 하게 되면 지워진 계정은 다시 복구할 수 없다.

2) Google+ 친구 맺기

01 친구 찾기

대부분의 SNS가 그렇듯이 주목적인 인맥형성을 하기 위해서는 친구를 찾아 추가하여야 한다. 친구를 추가하기 위한 방법으로는 검색하여 찾는 방법과 프로필 정보를 이용하여 관련된 친구를 추천 받는 방법이 있다. 우선 친구를 찾는 방법부터 알아본다.

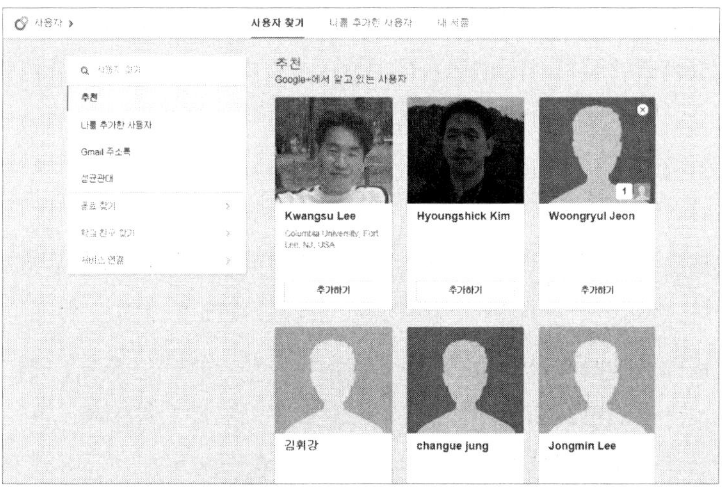

친구 찾기는 좌측 '사용자' 사용자 페이지가 나타난다. 사용자 페이지로 들어가면 사용자 찾기, 추천, 나를 추가한 사용자, Gmail 주소록, 동료

찾기, 학교 친구 찾기, 서비스 연결의 항목이 있다. 사용자 찾기는 단순히 검색으로 찾는 방법이다. 메일 주소, 이름, 사는 곳, 학교, 회사 등 관련 있는 키워드를 통해서 사용자를 찾을 수 있다. 추천은 2-(2)에서 자세히 설명한다. Gmail 주소록은 기존에 Gmail에서 제공하는 주소록을 이용하여 주소록에 포함된 사용자 중에 Google+를 사용하는 있는 사용자가 있다면 해당 사용자들을 추가해주는 기능이다. 그 외에 동료 찾기, 학교 친구 찾기는 자신이 프로필 정보에서 입력한 내용에 따라 동일 학교 또는 회사 사람들을 찾아주는 방식이다. 서비스 연결은 Yahoo나 Hotmail 등 다른 이메일의 주소록을 가져와 찾아주는 방식이다. Google+의 친구 추가 개념은 일방향으로 진행된다. 즉, 상대가 나를 친구 추가하지 않아도 나는 친구 추가를 할 수 있다는 뜻이다. 나를 친구 추가한 사람은 '나를 추가한 사용자' 탭에서 확인할 수 있다.

02 친구 추천

친구 추천의 경우에는 Google의 자체적인 알고리즘에 따라 사용자의 정보를 이용하여 관련 있는 사용자를 추천해준다. 1-(4)에서 언급했듯이 학력을 입력하게 되면 같은 학교 사용자 또는 동창생들을 추천해준다. 뿐만 아니라 Yahoo나 Hotmail 계정을 입력하게 되면 해당 사이트에서의 주소록을 동기화하여 친구를 추천해주기도 한다. 또한 친구의 친구까지도 추천을 해주기도 한다. 이 책에서 명확한 알고리즘을 설명할 순 없지만 위에서 설명한 내용을 이해하고만 있으면 된다. '추천'탭을 누르면 추천 친구가 나타난다. 평소 G-mail을 통해 메일을 주고받았던 사람들이 주로 나타나며, 자신과 무관한 연예인이 뜨는 경우도 있다. 자신이 아는 사람이라고 무작정 믿지는 않아야 한다. 다른 SNS와 마찬가지로 Google에 가입할 때에 인증이 완전히 이루어지지 않기 때문에 타인의 이름으로 가입한 위장 사용자일 수도 있기 때문에 조심해야 한다.

03 팔로우하기

팔로우(Follow)란 트위터(Twitter)에서 주로 사용하는 용어로써, 누군가를 따른다는 사전적 의미를 지니고 있다. 자신이 관심 있는 연예인이나 기업, 기술 등 팔로우 신청을 하면 자신의 홈페이지에서 그들의 소식을 접할 수 있다.

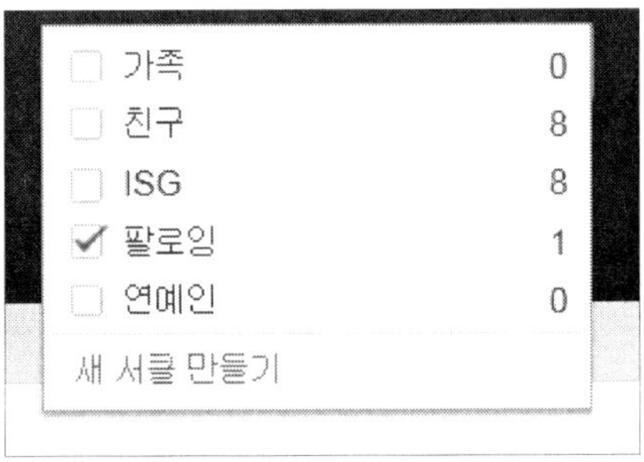

Google+에서는 유명 기업이나 유명인의 홈페이지에는 대부분 **[팔로잉]** 버튼이 존재한다. 예를 들면, 위의 그림은 Google+ 내의 페이스북 홈페이지를 찾아간 화면이다. 상단에 팔로잉 버튼이 생성되어 있다. 팔로우 버튼에 마우스를 대면 기존의 서클 목록이 나오게 되고 '팔로잉' 서클에 체크를 하면 된다. 이쯤에서 눈치를 챈 독자들이 있을지도 모른다. 사실 Google+에서 제공하는 팔로우 기능은 일반적인 친구 추가와 다를 바가 없다. 페이스북 홈페이지도 친구 서클에 포함시킬 수 있으며, 편의상 팔로잉 서클에 포함을 시킨 것뿐이다. 동일한 방법으로 유명인사도 팔로우를 할 수가 있다.

04 서클 관리하기

친구 추가나 팔로우를 통해서 서클이란 무엇인지에 대해 대략 감을 잡았을 것으로 예상된다. 서클이란 그룹을 의미한다. 서클을 통해서 친구리스트에 존재하는 멤버들을 친구, 가족, 팔로잉 등 그룹별로 정리할 수 있다. 서클의 장점은 접근이 용이하고, 정보의 공개 여부를 지정하는 것이 편리하다는 것이다.

① 서클 생성하기

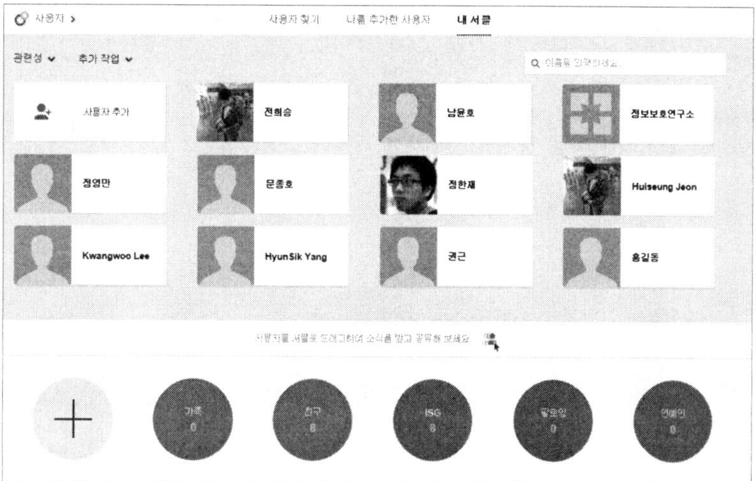

서클 관리는 '사용자'탭에서 상단에 '내 서클'탭을 누르면 자신의 서클이 나타난다. 앞서 말 한대로 서클은 그룹을 뜻하며, 편의상 학교친구, 직장 동료 등으로 구분하여 관리할 수 있다. 위와 같이 각 파란색 동그라미가 서클을 뜻하며, 가장 좌측에 위치한 하얀 동그라미에 마우스를 놓으면 서클 만들기가 활성화 된다.

서클 만들기를 누르면 생성할 서클의 정보를 기입하는 창이 나타난다. 서클 이름과, 서클에 추가할 회원을 기입할 수 있다.

② 서클 활용하기

서클에 마우스를 놓으면 위와 같이 서클에 포함된 멤버들을 볼 수가 있다. 멤버들의 프로필 사진과 사진에 마우스를 놓으면 이름까지 나타난다.

서클에 새로운 멤버를 추가하기 위해선 상단에 존재하는 친구 목록에서 해당 친구를 선택해 해당 서클로 드래그를 해서 넣으면 된다. 한 멤버는 적어도 한 서클에 포함되어야 하며, 두 개 이상의 서클에 중복 포함될 수

도 있다. 서클에서 멤버를 제외시킬 경우에는 반대로 서클 내에서 밖으로 해당 유저를 드래그를 하면 된다. 모든 서클에서 제외를 할 경우, 친구 목록에서 제거가 된다.

③ 서클 관리하기

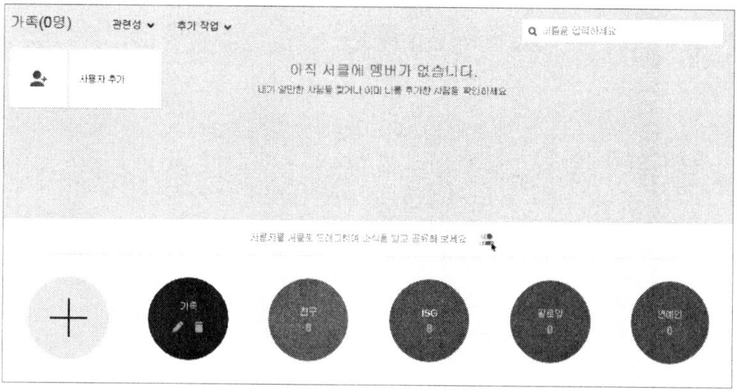

서클을 클릭하면 (좌측부터) 수정, 공유, 삭제 아이콘이 나타나게 된다. 수정의 경우 서클 생성과 비슷한 페이지가 뜨고 서클 이름이나 설명을 수정할 수 있다. 공유의 경우에는 자신의 서클을 다른 유저와 공유할 수 있는 기능을 제공한다. 즉, 서클에 포함된 멤버 목록을 다른 유저에게 알려주는 셈이다. 서클 삭제는 서클뿐만 아니라 서클 멤버들도 목록에서 제거가 된다. 다른 서클에 포함되어 있던 멤버들은 그대로 유지된다.

05 친구 삭제하기

친구를 삭제하는 절차는 간단하며, 2가지 방법이 있다. 첫 번째는 서클 탭에서 삭제하는 방법이다. 서클 활용하기에서 친구 목록을 보았을 것이다. 삭제하고자 하는 친구의 아이콘에 마우스를 놓으면 우측 상단에 X 표시가 생긴다. X 표시를 누르면 해당 친구는 삭제가 되고 모든 서클 목록에서도 사라진다. 두 번째는 해당 친구 홈페이지로 가서 친구 추가했던 방법을 역순으로 진행하면 된다. 팔로우하기에서 페이스북을 팔로잉 서클에 추가했던 것이 기억날 것이다. 동일한 방법으로 체크를 해제해주면 된다.

3) 콘텐츠 생성 및 관리하기

01 새로운 소식 쓰기

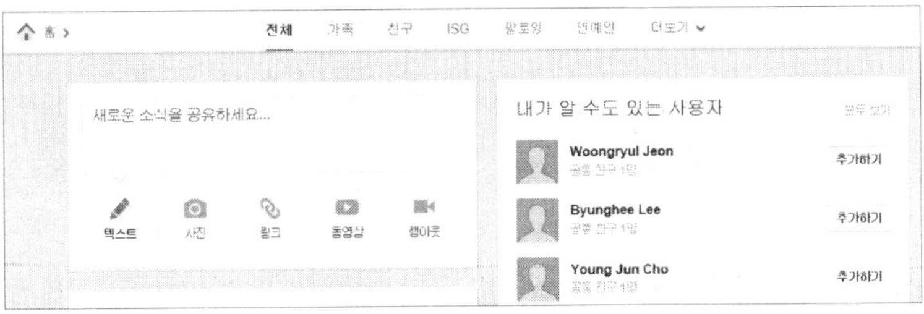

홈 페이지는 최초 로그인 시에 나타나는 페이지를 말한다. 즉, 홈 탭을 누르면 나타나는 페이지를 뜻한다. 홈 페이지에는 자신이 쓴 글뿐만 아니라, 친구의 소식, 팔로우의 소식, 사진, 일정 등 자신과 관계된 모든 소식들이 시간 순으로 나타난다.

① 소식 생성하기

소식 생성은 '새로운 소식을 공유하세요...'가 적힌 빈 공란을 누르면 위와 같은 글쓰는 창이 나타난다. 소식 생성은 상단의 글 쓰는 부분과 첨부파일 부분 그리고 접근 권한 부분으로 나누어진다. 글 쓰는 부분에는 자신이 하고 싶은 말을 기입할 수 있다. 첨부 파일 부분은 사진, 동영상, 일정 그리고 링크로 이루어져 있다. 사진의 경우에는 단순히 사진 한 장을 올리거나, 다수의 사진으로 앨범을 만들 수도 있다. 사진 올리기는 3-(2)에서 자세히 설명한다. 동영상과 일정 그리고 링크도 마찬가지로 추가할 수 있다. 접근 권한 부분은 기본적으로 내 서클에 공개하도록 되어 있지만, 수정이 가능하다. 위와 같이 일정 서클만 공개할 수도 있으며, 전체 공개, 비공개 등 다양한 설정이 가능하다.

② 소식 관리하기

생성된 소식은 지속적인 관리가 가능하다. 소식을 수정하거나 공유 설정 변경 또는 댓글 관리 등이 있을 수 있다. 우측 상단의 삼각형 모양을 누르면 위와 같은 소식 수정, 소식 삭제, 댓글 차단 그리고 소식 잠금이 나타난다. 소식 수정으로 내용이나 공유 설정을 수정할 수 있으며, 소식 삭제를 통해서 댓글을 포함한 작성된 소식을 완전히 삭제할 수 있다. 댓글 차단의 경우에는 어떠한 사용자도 댓글을 작성하지 못하게 만들 수 있으며, 소식 잠금은 다른 멤버가 내 소식을 다른 사람과 공유할 수 없게 제한한다. 즉, 글이 무분별하게 확산되는 것을 방지해준다. 댓글 부분에는 댓글 삭제와 차단 및 신고가 가능하다. 자신이 원하지 않는 댓글이 있다면 X를 눌러서 삭제가 가능하며, 욕설이나 비방 문구가 있다면 해당 멤버를 차단하면서 Google 측에 신고가 가능하다.

02 사진 올리기

① 사진 생성하기

기존에 Google에서 서비스 되고 있던 피카사(Picasa) 웹 앨범 서비스는 Google+에 통합 되어 사진 기능을 지원한다. 최대 2028X2048크기의 사진과 15분 이하 길이의 동영상을 용량 제한 없이 저장 가능하다. 사용자 편리를 위한 다양한 기능을 다음과 같이 제공한다.

Google+의 사진 업로드 방식은 이전에는 웹 업로드, 애플리케이션 업로드, 이메일 업로드 등을 지원했었으나 현재는 컴퓨터에서 업로드만 지원한다. 업로드 된 사진들의 기본 설정은 비공개로 업로드 되며 공유 변경을 통해 다른 사용자들과 공유할 수 있다.

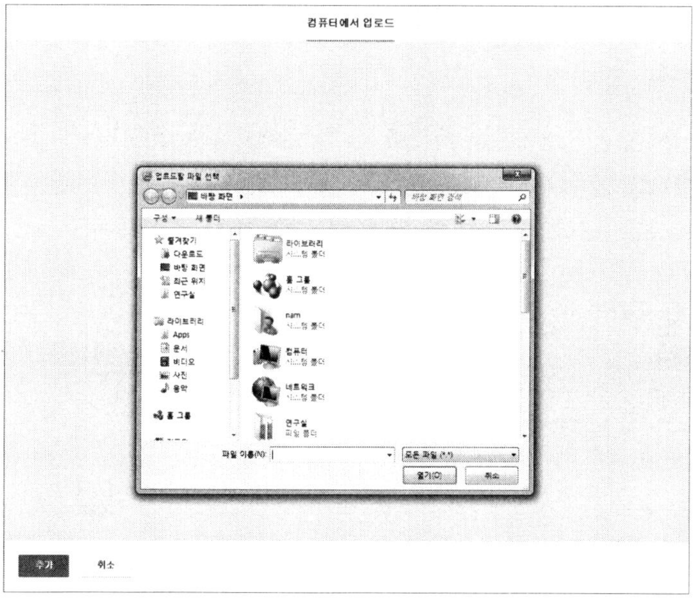

빈 화면을 누르면 위와 같이 파일을 불러올 폴더를 찾을 수 있다. 해당 폴더로 찾아가 업로드할 사진을 열면 된다.

② 사진 관리하기

지금까지 업로드한 사진들은 내 앨범에 모두 저장된다. 기본적으로 프로필 사진, 소식에 있는 사진과 같은 앨범은 자동적으로 생성된다. 이러한 기본 앨범 외에 추가적으로 앨범을 생성할 수 있으며, 수정 및 삭제 또한 가능하다.

03 이벤트 만들기

① 이벤트 만들기

Google+에서 제공하는 이벤트 기능은 친구들과 저녁식사를 한다거나 생일파티를 할 경우, 새로운 이벤트 페이지를 만들고 친구들을 초대하여 해당 이벤트 페이지를 공유할 수 있다.

이벤트 만들기는 '이벤트'탭에서 이루어진다. '이벤트'탭에서 우측 상단에 위치한 이벤트 만들기를 누르면, 아래와 같이 이벤트 제목, 시간, 위치, 세부정보, 초대 인원을 설정하는 창이 나타난다. 이벤트 제목은 반드시 기입을 해야 하며, 옵션은 참석자가 다른 사용자를 초대할 수 있는 지와 참석자가 사진을 추가할 수 있는지에 대한 설정을 한다. 위치는 Google 지도에서 제공하는 서비스를 이용한다.

② 이벤트 관리하기

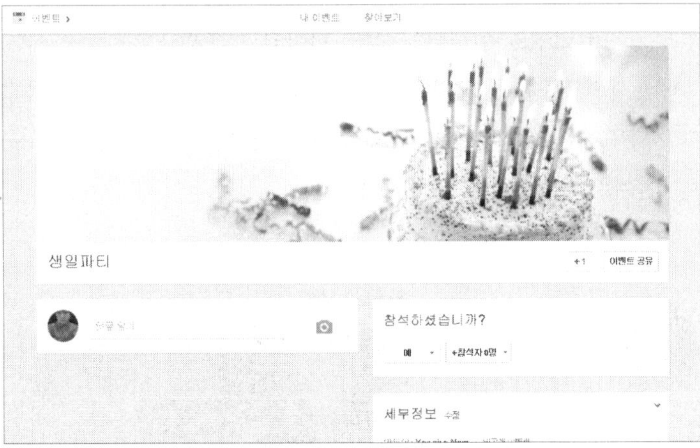

생성된 이벤트는 '이벤트'탭에 페이지로 나타난다. 참석 여부, 참석자 수 장소 등 이벤트를 만들 때 기입한 내용들이 페이지에 나타난다. 참석 여부는 수시로 바꿀 수 있으며, 참석, 미정, 참석 안 함으로 나누어진다. 우측의 초대장 더 보내기 버튼을 이용하여, 추가적으로 다른 사용자를 초대할 수 있다. 이벤트에 초대된 사용자들은 댓글을 달아 서로 소통가능하다. 좌측 상단에 이벤트 버튼을 누르면 아래와 같이 예정된 이벤트와 지나간 이벤트 모두 확인 가능하다.

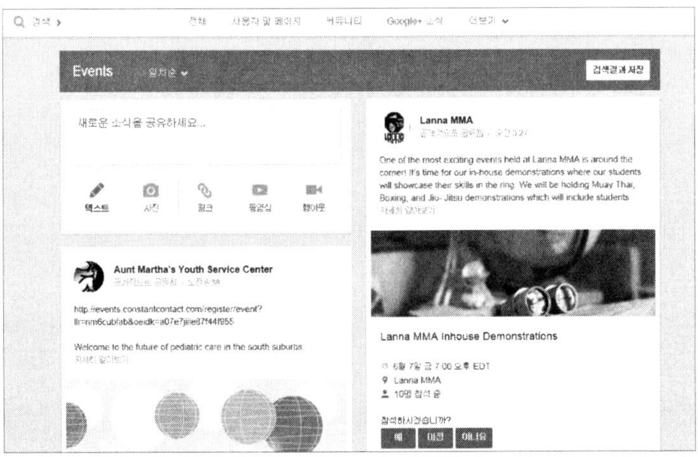

우측에 찾아보기를 누르면 더 많은 공개된 이벤트들이 나타난다. 클럽 파티, 공연, 박람회 등 누구나 참여 가능한 공개 이벤트를 만들 수 있다. 이러한 점을 이용해 광고 효과도 볼 수 있을 것이다.

4) 친구와 소통하기

01 +1 및 댓글 달기

소셜 네트워크 서비스의 주목적은 인맥 형성과 친목 도모라고 할 수 있다. 4장에서는 친구들과 소통하는 여러 가지 방법들에 대해서 소개한다. +1은 페이스북의 '좋아요'와 같은 개념이다. 자신이 관심 있는 콘텐츠나 글을 읽었을 때 추천해주는 기능이다.

① +1

+1 기능을 설명하기에 앞서서 콘텐츠 접근 허용 범위에 대해 소개한다.

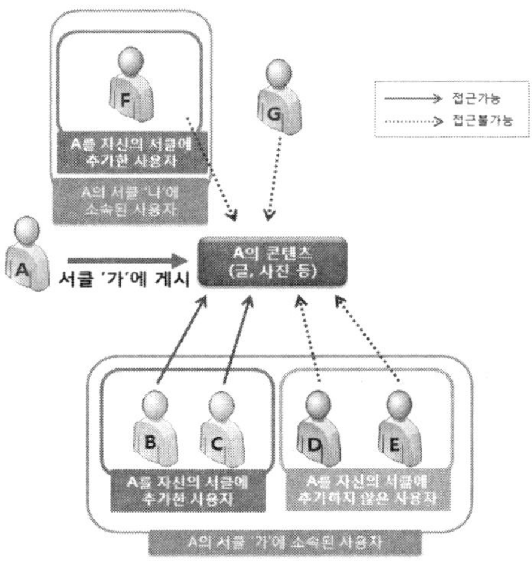

Google+는 내가 받아보기 원하는 사용자를 자신의 서클에 추가하면 해당 사용자가 콘텐츠를 업데이트 시 콘텐츠 내용을 볼 수 있다. 그러나 추

가했더라도 모든 콘텐츠를 받아볼 수 있는 것은 아니며 위 그림과 같이 A가 콘텐츠를 업데이트 할 때 콘텐츠에 접근 가능한 범위를 서클 별로 지정할 수 있다. 만약 F가 A의 콘텐츠를 받아보기 위해 A를 서클에 추가했더라도 A가 공개하는 서클에 포함되지 않을 시 콘텐츠를 볼 수 없다.

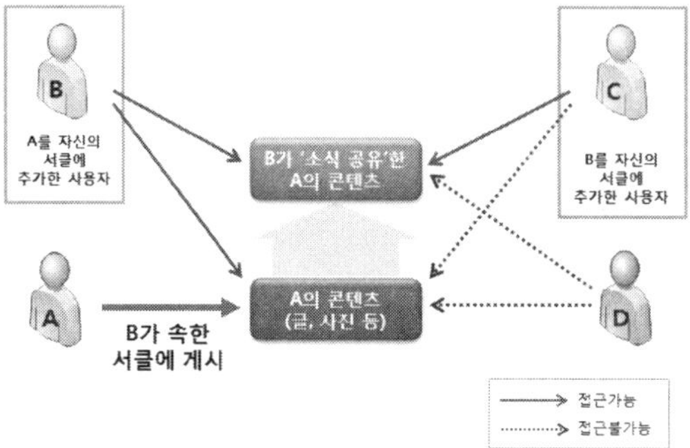

다음의 경우에는 A가 공유한 콘텐츠를 받은 B는 받은 콘텐츠를 '소식 공유' 기능을 통하여 재공유가 가능하며 재 공유된 콘텐츠는 B에게 소속되어 B의 서클에 속한 사람들이 새로이 접근이 가능해진다. A가 콘텐츠의 재공유가 되는 것을 원하지 않을 시 '소식 잠금'을 선택하여 재 공유를 막을 수 있다.

자신의 페이지 또는 친구의 페이지에서 글이나 콘텐츠를 살펴보면 위와 같이 좌측 하단에 **[+1]** 버튼이 있다. 해당 버튼을 누르게 되면 +1이 붉은 색으로 활성화되고 +1을 누른 유저의 목록이 우측 하단에 남게 된다. +3은 추천한 사람이 3명이라는 뜻이다. +1을 한 콘텐츠와 글은 곧바로 자신의 페이지에 게시된다.

② 댓글

댓글은 글과 콘텐츠에 자신의 생각이나 의견을 남기는 것이다. 위 그림에서 아랫부분을 보면 빈 네모박스가 있으며, 해당 부분에 댓글을 작성할 수 있다. 한 콘텐츠에 수많은 댓글이 달릴 수도 있으며, 댓글에 댓글을 다는 기능은 지원하지 않는다. 일반적으로 다른 SNS에서는 글자 수를 제한하지만, Google+는 제한하지 않는다.

02 친구와 토론하기 : 행아웃

Google+에서만 제공하는 행아웃 기능을 소개한다. 행아웃이란 화상채팅 기능을 말한다. 하지만 단순히 친구와만 채팅하는 것이 아니다. 주제를 정해서 해당 주제에 관심 있는 사람들끼리 모여서 토론도 할 수 있으며, 최근에는 오바마 대통령이 국민과의 소통을 위해 행아웃을 이용하여 대화를 나눈 경우도 있다.

좌측 '행아웃 온에어' 탭을 누르면 위와 같은 페이지가 나타난다. 자신이 토론방을 만들 수도 있으며, 이미 개설된 토론방에 참여할 수도 있다. 행아웃을 시작하는 방법에는 2가지가 있다. 행아웃 탭에서 **[행아웃 온에어 시작]** 버튼을 누르는 방법과 일반 글이나 콘텐츠에 행아웃 버튼을 눌러서 시작하는 방법이 있다.

[행아웃 온에어 시작]을 누르면 위와 같은 행아웃 방 설정을 하는 페이지가 나타난다. 행아웃 온에어 기능을 사용하기 위해서는 YouTube의 계정이 있어야하며, 위와 같이 Youtube 동영상으로 남게 된다. 행아웃에 초대할 사람과, 행아웃 이름을 지정하고 옵션을 설정할 수 있다. 옵션에서는 미성년자 입장 금지 또는 언어 설정이 가능하다.

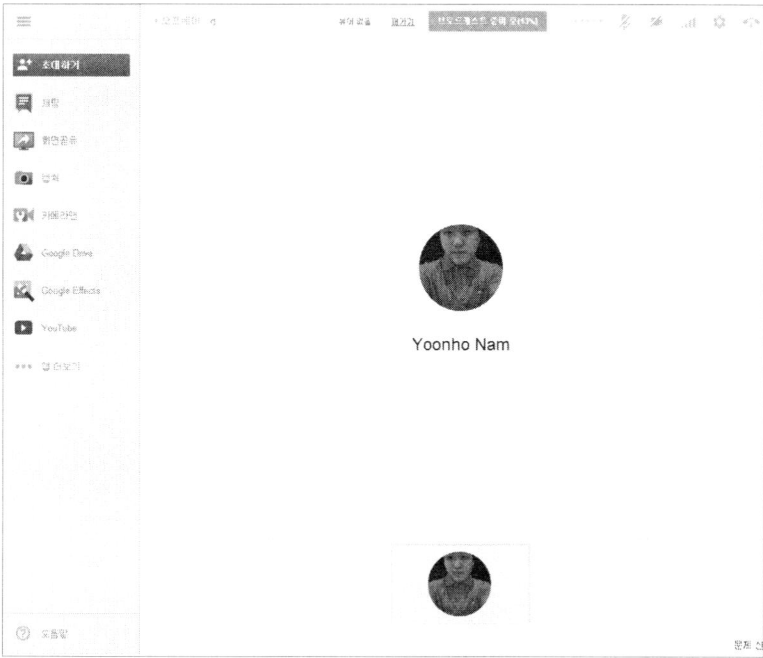

행아웃을 시작하면 일반 채팅과 음성, 화상 채팅 모두 가능하다. 행아웃에 참여한 사람들의 화면은 아래 부분에 위치한다. 행아웃을 하면서 자신의 화면을 공유할 수도 있으며, YouTube를 함께 시청할 수도 있다. Google Effects나 WarLight를 통해 더욱 재밌는 화면을 연출할 수도 있다.

5) 부가서비스 활용하기

01 추천하기

Google+에는 Google 지도를 활용하여 주변 음식점, 카페, 술집, 숙박 시설 등 추천 장소를 나타내어 주는 로컬 기능을 제공한다. 추천 장소의 위치를 알려주고 사용자들의 점수와 평가를 공개하여 신뢰도를 높여주고 있다.

로컬 탭을 누르면 위와 같은 페이지가 나타난다. Google+는 사용자의 위치 정보를 이용하여 주변의 추천 장소를 띄워준다. 게다가 서클 멤버들의 추천 장소도 동일 페이지 내에 표시해 준다. 추천 장소의 기본 카테고리는 음식점, 카페, 술집, 호텔, 엔터테인먼트로 이루어져 있다.

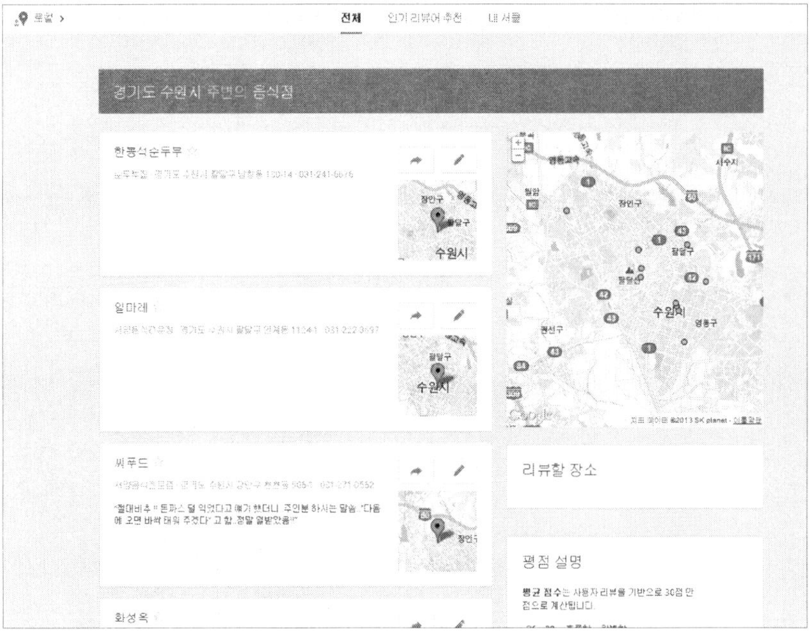

각 카테고리 별로 **[전체 보기]** 버튼을 누르면 전체 장소가 나타난다. 레스토랑의 경우, 점수가 주어지는데 구글이 최근 인수한 자가트(Zagat)에서 제공하는 레스토랑 평가 점수와 리뷰를 작성한 구글플러스 사용자들의 추천을 바탕으로 정보를 제공한다. 각 사용자들은 30점 만점에서 5등급으로 나누어 줄 수가 있다. 여러 사용자들이 모이면 평균 점수로 나타나며, 리뷰 수가 많아질수록 점수에 대한 신뢰도는 높아진다. 물론, 가보지도 않고 악플을 달거나 반대로 높은 점수를 주거나하는 조작이 가능하기 때문에 참고만 하도록 한다. 또한, 주소와 영업시간과 같은 기본 정보도 제공한다.

02 게임하기

Google+는 다른 SNS보다 인지도가 낮은 편이기 때문에 애플리케이션을 활용하는 부분에서는 약점을 보인다. 페이스북의 경우에는 게임 이외에도 수많은 애플리케이션이 존재하며, 많은 사용자가 이용하고 있다. Google+는 게임 탭에서 게임 서비스만을 제공한다. 게임의 수도 제한적이다.

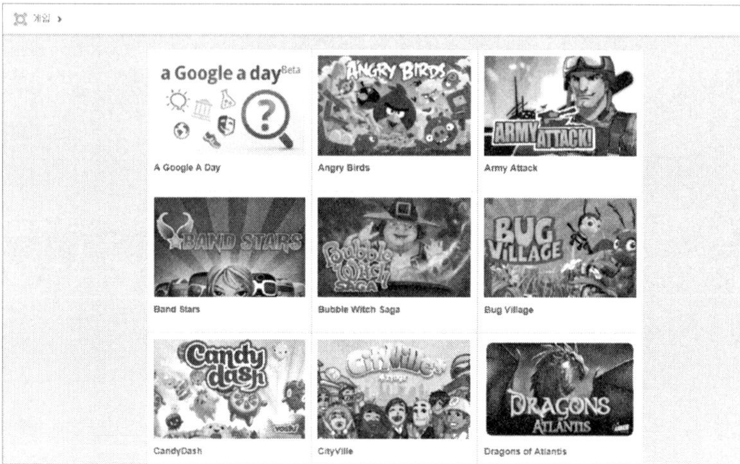

게임 탭을 누르면 위와 같이 여러 가지 게임들이 나타난다. 주로 추천 게임이 돌아가면서 화면에 뜨며, 상단의 **[디렉토리]**를 누르면 자신이 원하는 게임의 종류도 선택할 수 있다.

게임을 선택하면, 게임의 성과가 자신 또는 친구들의 페이지에 나타나기 때문에 동의를 해야만 실행할 수 있다. 그리고 내 페이지에 대한 접근 허용도 마찬가지로 동의를 해야만 한다. 동의가 끝나면 곧바로 게임을 즐길 수 있다.

03 검색하기

Google+는 검색서비스를 제공한다. 구글을 사용해본 유저라면 친숙한 검색창이 Google+ 페이지에도 존재한다. 검색창에 찾고자하는 키워드를 입력하면 구글플러스에서 작성된 콘텐츠에 한해서, 다른 사용자들이 작성한 콘텐츠들이 검색된다. 단, 자신이 접근 가능한 콘텐츠만 검색된다. 검색된 내용과 페이지는 구글에서 제공하는 SSL 암호화 방식으로 암호화된다.

메인페이지의 상단에 위치한 검색창에 '케언즈'라는 키워드를 입력한 화면이다. '케언즈'라는 키워드를 포함한 콘텐츠들이 모두 검색되며, 동영상, 사진, 글을 확인할 수 있다. 검색 범위 또한 설정 가능하다. 검색창 바로 아래에 위치한 '전체' 버튼을 누르면, 검색 범위를 Google+ 전체에서부터, 자신의 서클 내 혹은 자신이 작성한 콘텐츠 내에서 검색 가능하다. 나아가 해당 키워드를 주제로 개설된 행아웃도 검색 가능하다.

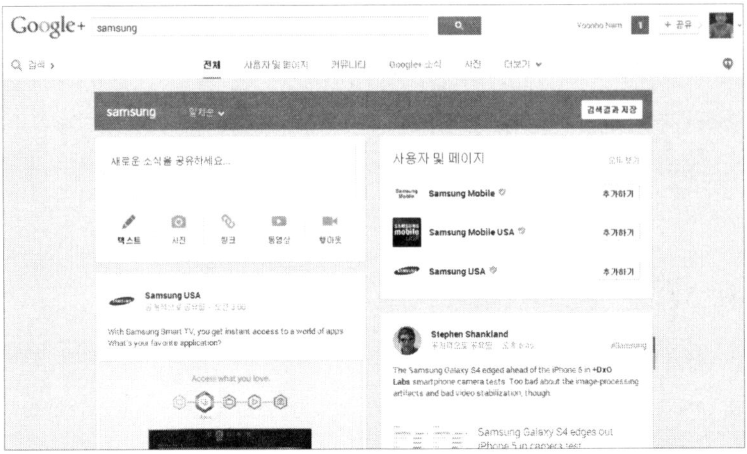

04 커뮤니티 만들기

Google+에서의 커뮤니티란 관심사를 공유하는 동호회 또는 카페의 개념이다. 자신이 커뮤니티를 만들 수도 있고, 기존에 만들어진 커뮤니티에 참여할 수도 있다. 우선 커뮤니티를 만드는 방법을 소개한다. 우측 상단에 커뮤니티 만들기를 누르면 아래와 같이 생성할 커뮤니티의 공개 또는 비공개 설정을 한다.

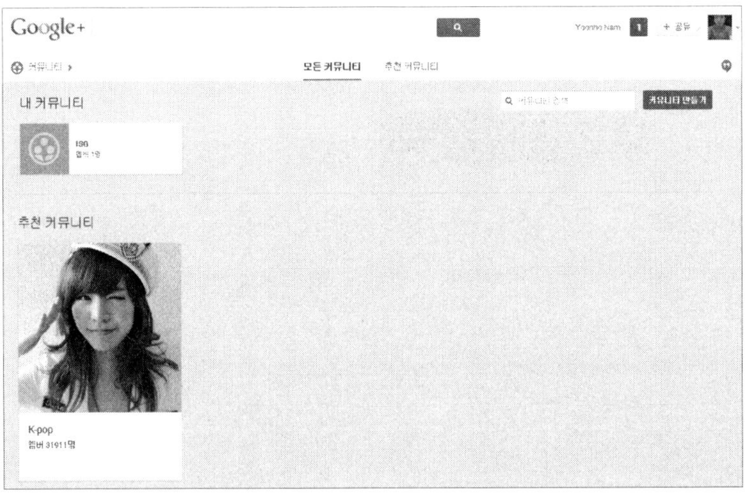

커뮤니티 만들기는 '커뮤니티' 탭에서 이루어진다. 커뮤니티 탭에서 커뮤니티 만들기를 누르면 정보 기입창이 나타난다. 커뮤니티 만들기는 공개 설정, 커뮤니티 이름, 가입 승인 설정으로 진행된다.

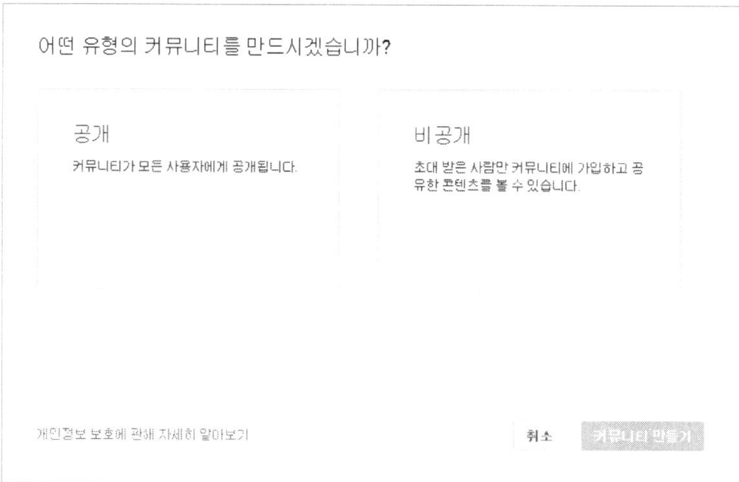

정보를 모두 입력하고 커뮤니티 만들기를 누르면 곧바로 커뮤니티 페이지가 나타난다. 커뮤니티의 메인 사진, 태그 등 몇가지 설정을 하고 완료를 누르면 다른 사용자들을 커뮤니티에 초대할 수 있다.

완성된 커뮤니티 페이지는 커뮤니티 멤버 모두가 공유할 수 있는 페이지이다. 다른 사이트에서 카페와 동일한 개념이라고 생각할 수 있다. 커뮤니티 내에서는 누구나 글을 쓰고 게시할 수 있으며, 이벤트 기능도 커뮤니티 페이지 내에서 사용할 수 있다. 커뮤니티 기능은 동일한 관심사를 가진 사람들과 쉽게 어울릴 수 있는 수단이다.

PART

06

카카오톡 / 카카오스토리

1) 카카오톡 시작하기

01 카카오톡 소개하기

카카오톡(http://www.kakao.com/talk)은 주식회사 카카오가 2010년 3월 18일부터 서비스를 시작한 글로벌 모바일 인스턴스 메신저이다. 카카오톡은 주로 채팅이나 파일 전송과 같은 기본적인 기능만을 다루며, 카카오스토리에서는 이전의 chapter에서 소개한 SNS들의 기능들을 사용할 수 있다. 그리고 카카오앨범을 통해서는 자신만의 사진 앨범을 정리하여 다른 사람들과 공유할 수 있다.

사용자 수는 대한민국 사용자와 해외 사용자 수를 합하여, 2011년 4월 1일 1,000만 명, 2011년 7월 28일 2,000만 명, 2011년 11월 14일 3,000만 명, 2012년 3월 11일 4,000만 명을 넘어섰으며, 2012년 6월 27일 5,000만 명을 돌파하였다. 일일 평균 오가는 메시지 개수가 10억 건이 넘어가며, 일시적인 접속 장애도 발생할 만큼 수많은 사용자가 이용하고 있다.

카카오톡은 여러 가지 부가서비스를 제공하고 있으며, 2012년 7월부터는 모바일 게임과의 연동을 통해 3개월 만에 400억이 넘는 매출을 달성하였다. 현재 카카오톡과 같은 서비스로는 마이피플, 틱톡, 라인(Line) 등이 있다.

02 카카오톡 설치하기

카카오톡을 사용하기 위해서는 우선 카카오톡(KakaoTalk) 애플리케이션을 다운받아야 한다. 안드로이드 기기 사용자는 구글 플레이에서, iOS (애플에서 만든 OS) 기기 사용자는 애플 앱스토어에서, 블랙베리 기기 사용자는 앱월드에서, 바다(삼성에서 만든 OS) 기기 사용자는 삼성 앱스에서, 윈도우 기기 사용자는 마켓플레이스에서 다운로드 받아 사용할 수 있다. 또는 SK 사용자는 T스토어, KT 사용자는 올레마켓, LG 사용자는 U+ 스토어에서도 다운로드가 가능하다. 카카오톡은 무료로 제공되며, 별다른 가입과 로그인 절차를 거치지 않고도 전화번호만 있으면 사용할 수 있다.

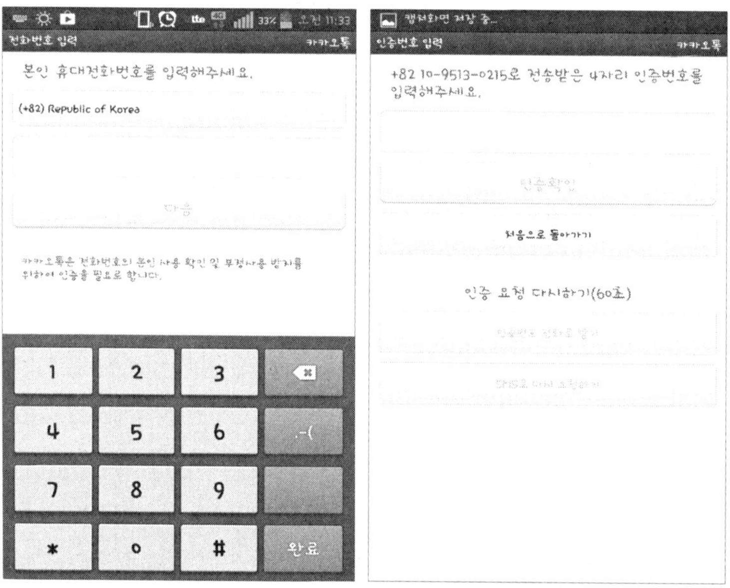

카카오톡을 실행하면 위와 같이 최초 1회 전화번호 인증 과정을 거치게 된다. 우선 국가를 선택하고 전화번호를 입력하면, 해당 전화번호로 인증번호를 문자메시지로 송신해준다. 수신 받은 인증번호를 입력하면, 카카오톡의 이용약관에 동의를 하고, 다른 사람들에게 보여질 이름을 입력한다. 이와 같은 일련의 과정을 거치면 곧바로 서비스를 사용할 수 있다.

카카오톡에는 로그인과 로그아웃 기능이 따로 없다.

03 프로필 작성하기

프로필은 자신의 사진, 전화번호, 이름, 아이디, 그리고 상태메시지를 포함한다. 프로필을 작성하지 않아도 무방하지만, 타인이 자신을 알아보기 쉽게 작성하는 편이 좋다.

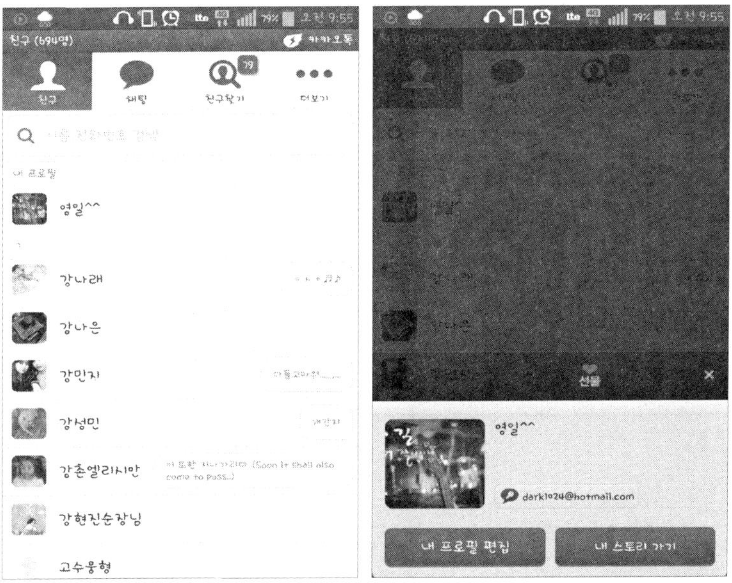

'친구' 탭을 누르면 위와 같이 내 프로필이 나타난다. 내 프로필을 누르면 내 프로필 편집이 나타나고, 해당 버튼을 누르면 편집 화면이 나타난다. (위 사진은 안드로이드폰, 즉 안드로이드OS 기준으로 '친구' 탭이 위에 있지만, 경우에 따라 아래에 있는 경우도 있다. 예를 들면 아이폰 계열의 경우에는 '친구'탭이 아래에 있다.)

제6장

사진에 있는 편집을 누르면 자신의 앨범에 있는 사진을 선택할 수 있으며, 직접 새로 찍거나 기존에 있던 사진을 삭제할 수도 있다. 아이디의 경우에는 선택적인 요소이다. 아이디를 생성하지 않아도 무방하지만, 아이디를 생성하면 친구를 찾을 때 아이디를 가지고 찾을 수 있다. 즉, 아이디는 선택적이며, 검색 서비스를 이용할 시에 사용된다. 아이디는 한번 생성하면 변경이 불가능하므로 생성할 때 신중하게 만들어야 한다. 이름은 상대방에게 표시되는 닉네임의 개념이기 때문에 실명을 쓰거나 별명을 써도 무방하다. 상태메시지는 이름과 함께 표시되는 메시지로써, 자신의 기분이나 하고 싶은 말을 쓰면 된다. 상태메시지 역시도 선택적인 사항으로 사용하지 않아도 무방하다. 아이디를 만들었다면, 자신의 아이디를 검색 허용할지 선택할 수 있다. 아이디 검색 허용을 하면 타인이 아이디 검색을 통해 나를 찾을 수 있다.

04 계정 설정하기

카카오톡의 계정은 기기를 변경하거나 번호를 변경하여도 이전에 사용했던 기록들을 그대로 사용할 수 있게 기억해두는 기능을 제공한다. 계정 생성은 선택적이지만, 추후에 휴대폰을 분실하거나 다른 휴대폰으로 변경할 경우를 대비하여 생성해두는 것이 좋다. 다른 휴대폰으로 접속할 땐, 새로 카카오톡을 설치한 후에 기존의 휴대폰 번호로 접속하고 계정 이메일 주소로 로그인을 하면 기존의 카카오톡 친구들 목록이 그대로 옮겨진다. 이렇게 하면 전화번호를 미처 옮기지 못한 경우에도 카카오톡으로 연락이 가능하기 때문에 이메일 계정을 생성해두는 것이 좋다.

계정은 다음과 같은 절차로 생성한다. '더보기' 탭에서 카카오 계정을 선택하면 위와 같은 화면이 나타난다. 계정은 이메일 주소로 사용하며, 최초 전화번호 인증과 마찬가지로 인증코드를 해당 메일로 송신해준다. 수신받은 인증코드를 입력하면 완료된다. 계정 이메일 주소는 변경 가능하며, 계정 비밀번호도 변경가능하다. 계정 비밀번호는 카카오톡의 잠금 기능을 사용할 시에 사용된다. 연결된 앱 관리는 부가서비스에서 설명한다.

05 카카오톡 탈퇴하기

탈퇴 기능은 계정을 생성한 사람들에 한해서만 해당된다. 카카오톡에서 탈퇴의 의미는 계정을 삭제한다는 의미이며, 다른 계정을 만들어서 사용할 수 있다.

'더보기'에서 설정을 누르면 여러 가지 설정들이 나타난다. 아래에 위치한 시스템 설정에 카카오톡 탈퇴를 누르면 위와 같은 탈퇴시 주의사항과 탈퇴화면이 나타난다. 탈퇴를 하게 되면 기존에 계정에 저장되어 있던 프로필 정보, 친구목록, 부가서비스 이용내역, 대화내용 등 사용자가 설정했던 모든 정보들이 지워지게 된다. 동일한 메일로 재가입을 하여도 지워진 내용을 복구할 수 없기 때문에, 기기를 교체하거나 번호를 변경할 시에는 새로운 기기에서 재 인증을 받아서 저장된 내용을 사용할 수 있다. 주의사항을 꼭 읽도록 하며, 아래 체크박스에 체크를 하고 확인을 누르면 모든 데이터가 삭제되고 탈퇴가 완료된다.

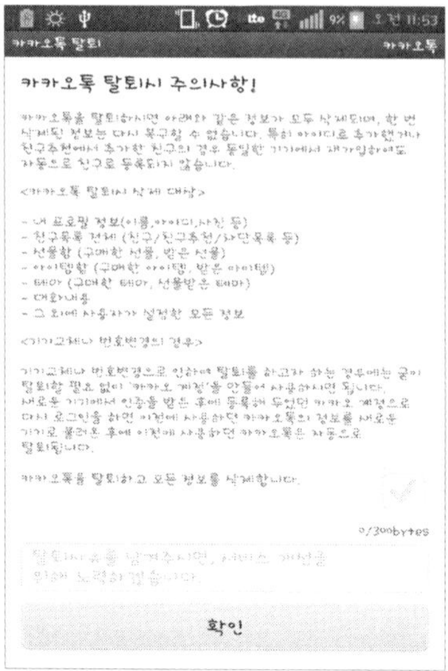

2) 카카오톡 친구 맺기

01 친구 찾기

카카오톡은 메시지 서비스이기 때문에 친구 추가가 필수이다. 친구를 추가하는 방법은 두 가지가 있다. 주소록을 이용하는 방법과 아이디 검색을 이용하는 방법이다. 주소록을 이용하는 방법은 연락처에 있는 사람들 중에서 카카오톡의 기존 사용자들을 동기화를 사용하여 자동으로 등록하는 방법이고, 아이디 검색을 이용하는 방법은 아이디를 생성하고 검색을 허용한 사용자에 한해서, 검색을 통해 추가할 수 있다.

위의 그림은 연락처를 통해 친구를 추가하는 장면이다. 카카오톡을 처음 실행하면 연락처 친구 불러오기가 나타난다. 또는 설정에서 개인정보 탭에 있는 친구관리로 들어간다. 동기화 버튼을 클릭하면 자신의 연락처에 저장되어 있는 번호를 기반으로 친구들이 자동 추가된다. 자동 친구 등록 버튼이 켜져 있으면 추후에 연락처에 새로운 번호가 추가될 때마다, 카카오톡에 자동으로 친구가 추가된다. 또한, '더보기' 탭에서 설정을 누르면, 개인 정보에 친구 관리가 있다. 친구 관리에서 자신의 연락처를 자동으로 동기화할 수 있으며, 자동 친구 등록 기능을 사용하지 않을 수도 있다.

다음으로, 아이디를 검색해서 친구를 추가하는 방법이다. '친구 찾기' 탭에서 메뉴 버튼을 누르면 아이디로 찾기가 나타난다.

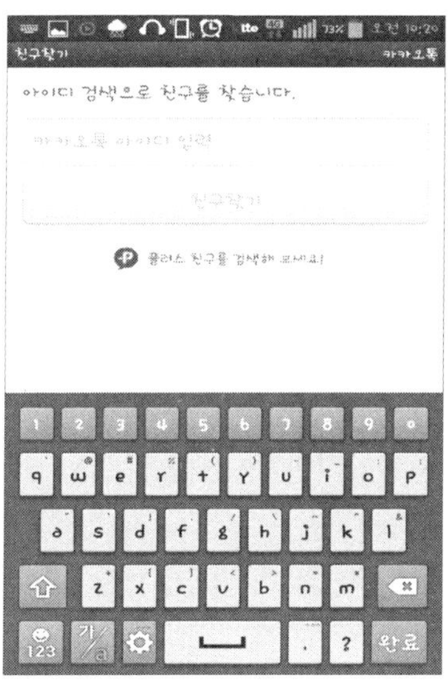

아이디는 미리 알고 있어야 하며, 검색된 결과로 사진, 상태메시지, 그리고 이름을 확인할 수 있다. 친구의 프로필을 보고 확인한 후 친구추가를 누르면 친구를 맺을 수 있다.

02 친구 추천

카카오톡에서의 친구 추천은 자신을 친구 추가한 사람을 의미한다. 나는 친구추가하지 않았는데 상대방이 나를 추가하면 '친구 찾기' 탭에 추천 친구로 나타난다. 실제 친구들이 추가를 하는 경우가 많긴 하지만, 최근에는 무작위로 친구를 추가하여 스팸광고를 하거나 피해를 주는 경우도 많으니 주의하도록 해야 한다. 내가 알고 있는 친구가 아닌 경우에는 친구의 이름을 누르고 차단을 눌러서 스팸광고 등을 받지 않도록 하는 것이 좋다.

03 플러스 친구 활용하기

플러스 친구란 사용자가 브랜드, 스타, 미디어를 친구로 추가하여 실시간으로 브랜드 정보와 혜택 등을 메시지로 전달하며 소비자와 소통할 수 있는 서비스이다. 카카오톡을 통해 사용자와 광고주를 친구관계로 연결한 마케팅 시스템의 개념이다.

플러스 친구는 추천친구와 동일하게 '친구 찾기' 탭에서 확인할 수 있으며, 우측 상단에 **[전체보기]** (아이폰 계열에서는 **[더보기]**)를 누르면, 플러스 친구 전체를 볼 수 있다.

카테고리 별로 볼 수도 있으며, 직접 검색을 통해 찾을 수도 있다. 추가를 원하는 항목은 클릭을 하면 프로필 화면이 나타나고 곧바로 추가할 수 있다. 플러스 친구로 등록을 해둔다면, 그 곳과 관련된 여러 행사나 이벤트들을 받아볼 수 있다.

04 친구 관리하기

카카오톡은 즐겨찾기, 숨긴친구 관리, 친구목록 관리 등 친구를 관리하는 여러 가지 기능들을 제공한다. 기기 별로 접근 방법이 다르기 때문에, 사진과 동일하지 않을 수는 있다. 이 책은 안드로이드 OS를 기준으로 작성된다.

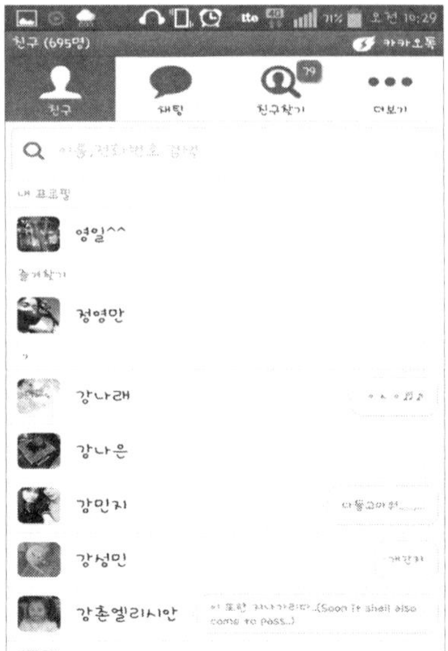

즐겨찾기 기능은 자주 연락하거나 친한 친구를 친구 목록에서 보기 쉽게 가장 상단에 위치시켜주는 기능이다. 친구 목록에서 즐겨찾기를 하고자 하는 사람의 이름을 누르면 해당 사용자의 프로필이 나타난다. 프로필 상단에 별모양의 아이콘 이 나타나는데, 이것을 누르면 즐겨찾기에 추가된다. 친구 목록에서 내 프로필 밑에 즐겨찾기 칸이 생성되며, 그 곳에 추가된다. 이름변경은 자신의 친구목록에 표시될 친구의 이름을 변경하는 기능이다. 기억하기 쉬운 별명이나 애칭으로 변경해 두면 그 사람에 대해 기억하는데 도움이 될 수 있다. 이름변경은 연필모양의 아이콘 을 클릭하면 이름을 변경하는 칸이 나타나고, 원하는 이름을 입력하면 된다.

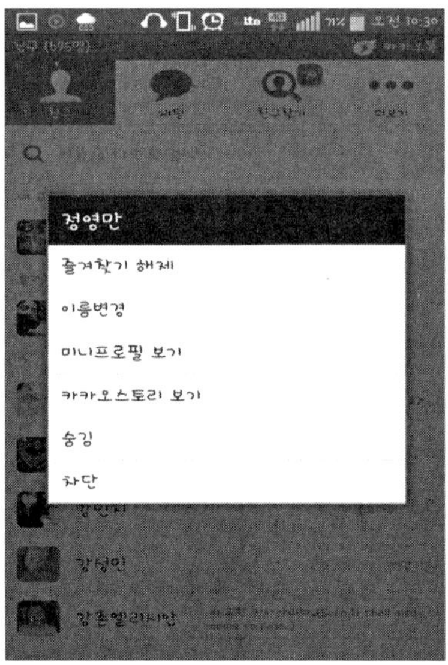

숨김과 차단은 모두 친구 목록에서 제거하는 기능이다. 숨김의 경우, 목록에서만 제외될 뿐 메시지는 계속 주고받을 수 있다. 하지만, 차단은 목록에서 제거됨과 동시에 상대방이 메시지도 주고받을 수 없다. 안드로이드의 경우에는 클릭 한번으로 숨김과 차단을 실행할 수 있지만, iOS는 숨김과 차단을 순서대로 실행해야만 한다. 우선 친구 목록에서 숨김이나 차단할 친구의 이름을 1초간 누르면 위의 그림과 같은 팝업 창이 뜬다. 여기서 숨김이나 차단을 누르면 곧바로 친구 목록에서 사라지며 숨김 혹은 차단 목록으로 추가된다. (iOS 에서는 숨길 친구를 왼쪽으로 드래그를 하면 **[숨김]**이라는 버튼이 활성화된다.)

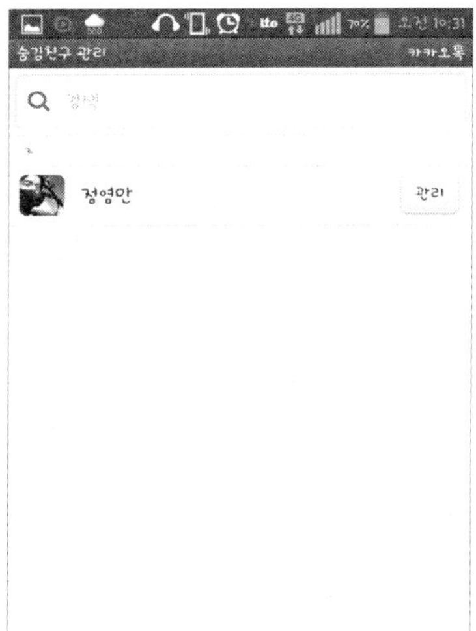

'더보기'에서 설정, 그리고 친구설정으로 들어가면 숨김친구와 차단친구를 관리할 수 있다. 숨김친구의 목록에 있는 친구의 아이콘을 1초간 누르고 있으면, 새로운 팝업이 뜬다. 친구 목록으로 복귀시킬 수 있으며, 차단할 수도 있다. 차단친구도 마찬가지로 관리할 수 있다. 친구목록 내보내기는 자신의 친구 목록을 이메일로 보내는 기능이다. 추후에 실수로 친구를 삭제할 시에 목록을 불러와서 복구할 수도 있으며, 친구와 교환도 가능하다.

카카오톡은 친구 삭제 기능을 제공하지 않는다.

3) 친구와 소통하기

01 1:1 채팅하기

그림과 같이 친구 목록에서 채팅을 원하는 상대방을 클릭한 후에 1:1 채팅 버튼을 클릭한다.

버튼을 클릭하면 하단의 그림과 같이 상대방과의 채팅방이 생성된다. 화면 하단의 입력창을 통해 메시지를 입력하고 전송 버튼을 클릭하면 해당 채팅방에 전송된 메시지가 표시된다. 메시지 앞에 표시된 숫자 '1'은 상대방이 해당 메시지를 읽었는지 여부를 표시해주는 것으로 상대방이 해당 메시지를 읽었을 경우 숫자 '1'이 사라진다.

또 옆의 그림과 같이 메시지에 이모티콘을 추가할 수 있다.

이모티콘을 추가하고 싶을 경우 메시지 입력창 좌측의 버튼을 클릭하면 된다. 카카오톡에서 기본적으로 제공하는 이모티콘 이외에도 결제를 통해 원하는 이모티콘을 사용할 수 있다. 맨 아래에 있는 그림들을 누르면 다른 종류의 이모티콘들이 나오고, 원하는 이모티콘을 누르면 채팅창에 입력이 된다.

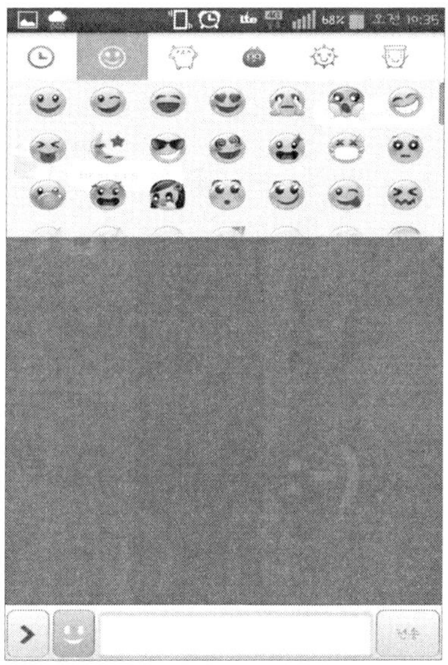

02 그룹 채팅하기

카카오톡은 여러 명의 사용자와 그룹 채팅이 가능하다. 그룹 채팅방 은 채팅방을 새로 개설한 후 하단의 그림과 같이 원하는 사용자들을 초대하거나 기존에 생성된 채팅방에서 메뉴 버튼을 클릭한 후 대화상대추가 버튼을 통해 함께 채팅할 친구들을 초대하는 방식으로 생성이 가능하다. 친구들의 이름을 누르면 왼쪽에 체크가 활성화 되고 밑의 확인 버튼을 누르면 친구들이 하나의 그룹 채팅방으로 초대가 되며 그룹 채팅방이 생성된다.

메시지를 전송했을 때 해당 메시지 앞에 자신을 제외한 참여자의 숫자가 표시되며 상대방이 메시지를 읽을 경우 1씩 줄어든다. 즉, 숫자는 채팅에 참여한 사람들 중에서 아직 메시지를 읽지 않는 사람의 수를 나타낸다.

메뉴 버튼을 클릭 한 후 더보기 버튼을 클릭하면 해당 채팅방에 대한 정보를 열람할 수 있다. 채팅방 정보를 통해 채팅방 이름, 현재 채팅에 참여하고 있는 대화상대의 리스트 등을 알 수 있으며 대화 상대를 더 추가하거나 채팅방 알람 On / Off, 배경 등을 설정할 수 있다. 또한 대화 내용을 이메일로 보내거나 대화내용 전체를 삭제할 수도 있다.

03 사진 / 동영상 공유하기

카카오톡은 채팅방에서 사진이나 동영상을 공유할 수 있다. 메세지 입력창 좌측 아래의 > 모양의 버튼을 클릭하면 하단의 그림과 같은 메뉴 리스트가 팝업이 된다. 사진 / 동영상의 경우 직접 촬영하거나 자신의 앨범에 있는 카메라를 선택해서 공유할 수 있다.

사진/동영상도 숫자 표시를 통해 상대방의 읽기 여부를 알 수 있다.

04 보이스톡 하기

보이스톡은 채팅방에서 친구와 메시지를 주고 받는 중에 실시간으로 음성대화를 할 수 있도록 연결해주는 mVoIP 기반의 기능이다. 3G/4G 환경보다는 WI-FI 환경에서 사용하면 더 안정적으로 사용할 수 있으며 완전 무료이고, 3G/4G 환경일 경우 사용하고 있는 데이터 요금제의 적용을 받는다. 대신에 통화비가 들지 않는 장점이 있다. 보이스톡은 하단의 그림과 같이 친구 목록에서 상대방을 클릭한 후에 보이스톡 버튼을 클릭하거나 기존의 채팅방 내에서 입력창 좌측에 있는 + 모양의 버튼을 클릭하면 나오는 메뉴 리스트에서 보이스톡 요청 버튼을 클릭해서 시작할 수 있다.

4) 부가서비스 활용하기

01 선물하기

더보기 메뉴 중 선물하기 탭을 클릭하면 카테고리 별로 존재하는 다양한 물품들을 구매해서 기프트콘 형태나 택배 배송을 통해 다른 사람에게 선물할 수 있다. 혹은 위의 그림을 보게되면 각 카카오톡 친구창 메뉴에 선물창이 있다. 그 창을 이용하여 선물할 수도 있다.

선물하기에 나열된 상품들 중에서는 스탬프 서비스를 제공해 주는 상품이 있는데 스탬프는 선물하기를 통해 구매한 상품 중 스탬프 상품에 대하여 보내는 사람/받는 사람 모두에게 스탬프를 적립해주는 서비스이다. 스탬프 카드의 요구된 스탬프를 다 모을 경우 무료 쿠폰으로 교환할 수 있다. 스탬프 상품을 선물하면 보내는 사람에게는 1/2개, 받는 사람에게는 1개의 스탬프가 적립된다.

스탬프 카드에 스탬프를 다 모았을 때 '쿠폰으로 교환' 버튼이 활성화되며 교환을 완료하면 해당 브랜드에서 제공하는 선물하기 쿠폰을 받을 수 있다. 해당 쿠폰 상품은 메시지 창으로 발송되지 않으며 아이폰은 카카오톡 설정 〉 선물함에서, 안드로이드폰은 카카오톡 더보기(more) 〉 설정 〉 선물함에서 확인할 수 있다.

02 아이템 스토어 이용하기

아이템 스토어는 카카오톡 내에서 사용 가능한 테마, 이모티콘 관련 아이템들을 구매할 수 있는 상점이다. 아이템 스토어의 아이템을 구매하기 위해서는 카카오톡 내에서 통용되는 초코라는 화폐가 필요하며 1000원당 10개의 초코를 구매할 수 있다. 초코의 결제 수단으로는 모바일 소액 결제, 신용카드 결제, 문화상품권 결제, 구글 Play 스토어 결제 등이 있으며 모바일 소액 결제의 경우 결제 금액이 다음 달 휴대폰 요금에 반영된다. 사용자는 아이템을 구매해서 직접 사용할 수도 있고 다른 사람에게 선물할 수도 있다.

03 플러스 친구

플러스 친구는 좋아하는 브랜드나 스타 미디어를 카카오톡 친구로 추가하여 다양한 콘텐츠와 혜택, 정보를 받을 수 있는 서비스이다. 플러스 친구와 친구를 맺을 경우 해당 브랜드가 제공하는 쿠폰을 받을 수도 있다.

또한 마음에 드는 플러스 친구가 있을 경우 **[친구에게 추천]** 버튼을 통해 자신의 친구들에게 추천할 수 있다. **[친구에게 추천]** 버튼은 플러스 친구의 대화창 오른쪽 하단 또는 플러스 친구의 미니 프로필에 있다. **[친구에게 추천]** 버튼을 누른 후 메시지를 보낼 친구(들)을 선택하고 **[완료]** 버튼을 클릭하면 추천 메시지가 발송된다.

04 게임하기

카카오톡은 다양한 장르의 게임을 연동하여 제공한다. 대표적인 게임으로는 애니팡, 아이러브커피, 드래곤플라이트, 모두의 게임 등이 있으며 더보기 메뉴의 게임하기 버튼을 클릭한 후 해당 애플리케이션을 선택해서 설치하면 이용할 수 있다. 해당 게임들은 카카오톡 내에서 친구 관계를 맺고 있는 사람들과 매주 순위 경쟁을 하면서 즐길 수 있는 형태로 구성되어 있다.

05 카카오 앨범

more(더보기)에 나오며 이것을 누를시 다운을 받아야 한다고 나온다. 다운하기를 눌러서 설치한 후 들어가면 카카오 계정 연결이 나온다. 계정 연결을 클릭하면 카카오 계정으로 들어가진다. 이후에 '개인정보 동의'관련 메뉴가 나온다.

'동의한다'를 누른 후 클릭하면 카메라 앱 실행이 나온다. 이때 gps를 사용하라는 매뉴얼이 나올 것이다. 'gps를 사용'을 클릭하거나 혹은 그걸 정 원하지 않으면 x창이 있다. 그것을 클릭하고 나와도 카카오 앨범이 실행되기 때문에 사용자 선택이다. 버전 1.05의 카카오 앨범의 경우 날짜를 기준으로 앨범이 만들어 지는 것이기 때문에 여러 날짜를 결합하여 만드는 기능이 없었다.

그러나 최근 버전 1.0.14의 경우 여러 날짜를 결합하여 앨범을 정렬하는 기능이 가능해 졌다. 따라서 여러 날짜에 있는 사진을 선택하여 앨범을 만들 수 있다는 장점이 있다. 참고로 카카오 앨범은 카카오톡에 추가된 친구들과 앨범을 공유하는 것을 목적으로 만들어 진 것이다. 따라서 앨범을 만들시 공유할 사람을 반드시 한명 이상을 선택해야 한다는 특징이 있다. 이것은 여러 친구들과 앨범을 공유할 수 있다는 카카오톡 만의 독특한 방식이기 때문에 공유할 사람을 선택하면 된다.

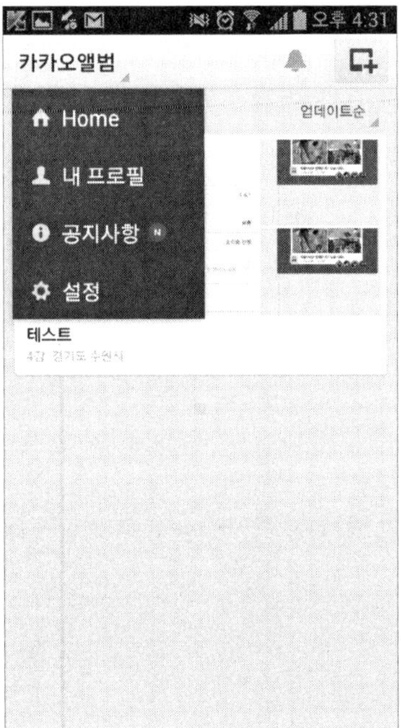

카카오 앨범을 클릭할 경우 4가지의 메뉴창이 나온다. 이때 설정을 클릭할시 버전정보, 도움말, 알림설정, 암호잠금 및 계정을 확인할 수 있다.

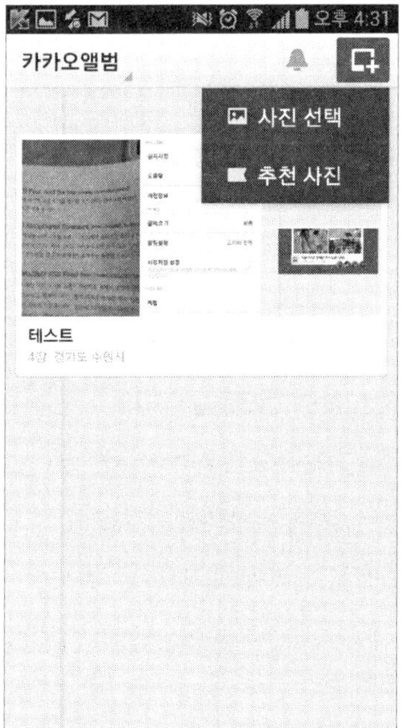

앨범을 만들시 위의 그림에서처럼 플러스 모양의 그림을 클릭하면 사진 선택과 추천사진 두 가지 메뉴가 나온다. 사진 선택을 클릭하면 본인이 이전에 사진을 찍었을 때 갤러리에 등록된 사진들이 그림과 같이 나온다.

'테스트'라는 제목을 적은 후 앨범에 본인이 선택한 사진들을 공유할 사람을 사람 이모티콘을 눌러서 찾은 후 밑의 앨범 선택을 클릭한다. 그러면 본인이 원하는 앨범이 만들어진다.

5) 카카오스토리

01 카카오스토리 시작하기

① 카카오스토리 가입하기

카카오스토리를 시작하기 위해서 카카오계정이 필요하다. 카카오톡 계정을 카카오스토리와 연동시키는 과정을 통해 카카오스토리 서비스 이용등록을 할 수 있다. 참고로 카카오톡이나 카카오 스토리는 안드로이드 폰의 경우 'play store'에서 다운을 받으면 된다. 다운비는 무료다.

그렇게 다운을 받게 될 경우 카카오계정 사용에 동의하는 절차를 통해 각 서비스 간 계정 연동이 가능하다. 또한 카카오톡과 동일한 계정을 이용하여 카카오스토리 로그인이 가능하다.

참고로 카카오톡만 사용할 경우 카카오 계정이 불필요할 수 도 있다. 그러나 카카오 스토리를 사용해야 할시 카카오계정이 꼭 필요하다. 카카오스토리를 시작하려면 먼저 첫 화면에서 **[카카오톡으로 시작하기]** 버튼을 눌러서 카카오톡 계정을 연동하는 과정을 진행한다.

본인의 계정을 확인하고 계정이 없을 경우 [새로 만들기]를 누른다.

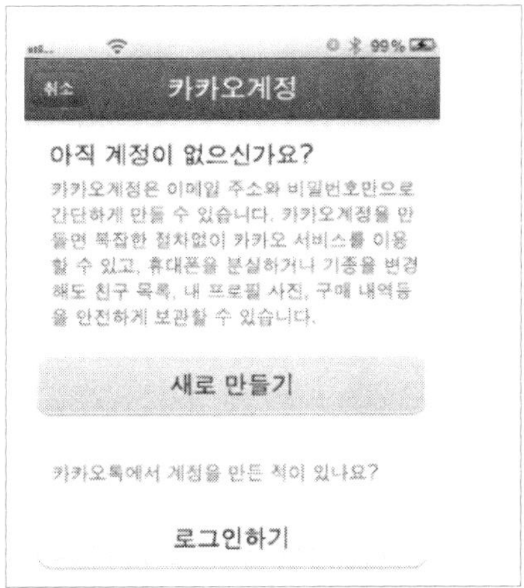

카카오 서비스 가입을 위해 필수 정보인 이메일 주소와 비밀번호를 입력하고 **[완료]** 버튼을 누르면 최종 가입이 완료되며 밑의 그림과 같은 창이 뜨게 된다. 이용 동의 페이지에서 이용약관과 개인정보 취급 방침에 대한 내용을 확인하고 동의한다. 그리고 나서 **[시작하기]**를 눌러서 실행하면 된다.

② 로그인과 로그아웃하기

카카오스토리는 기본적으로 카카오톡의 계정과 연동되기 때문에 간편하게 서비스에 접속할 수 있다. 카카오스토리 시작화면에서 **[카카오톡으로 시작하기]**를 클릭하면 카카오계정 확인 페이지를 확인할 수 있다.

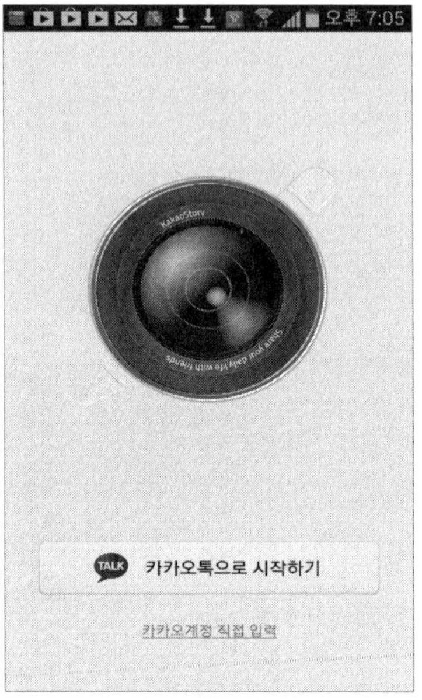

사용자의 계정을 확인하고 **[동의하고 시작하기]** 버튼을 통해 서비스에 접속할 수 있다.

로그인은 카카오계정을 직접 입력하여 로그인하는 방법도 있다. 첫 화면에서 **[직접 입력해서 로그인]**을 누르면 로그인 페이지로 이동하게 된다. 사용자의 카카오계정과 비밀번호를 입력 후 **[로그인]**을 클릭하면 등록된 계정으로 접속하여 서비스를 이용할 수 있다.

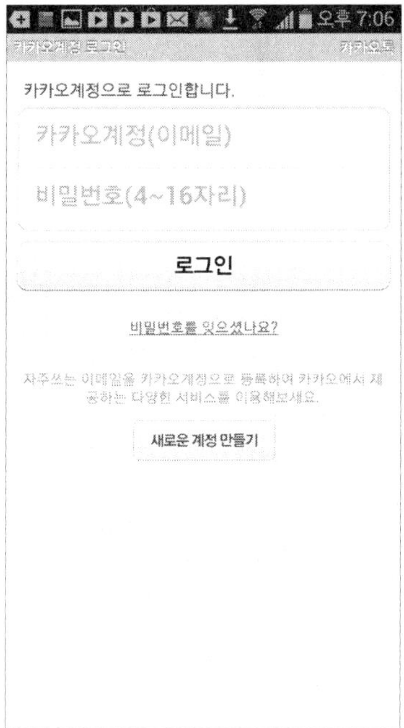

로그아웃은 '설정' 페이지에서 **[계정]** 버튼을 클릭하면 '계정' 페이지로 이동할 수 있다. 이 페이지에서 **[로그아웃]**을 클릭하여 서비스를 종료할 수 있다. 그 외에 스마트폰 밑에 보면 세 가지의 버튼이 있다. 맨 오른쪽의 빠져나오는 버튼을 통해서 종료할 수 있다.

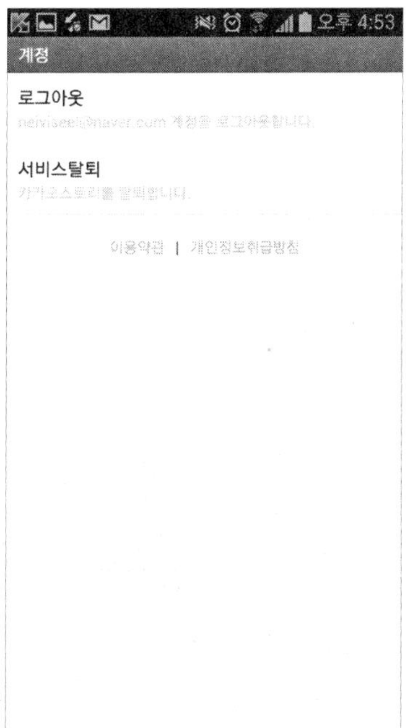

③ 프로필 편집하기

스토리 회원가입 시에 등록했던 프로필을 수정할 수 있다. 프로필 편집을 위해 '설정' 페이지에서 **[내 프로필 편집]**을 클릭한다. 프로필 설정 편집에서 이름과 생년월일을 변경할 수 있다.

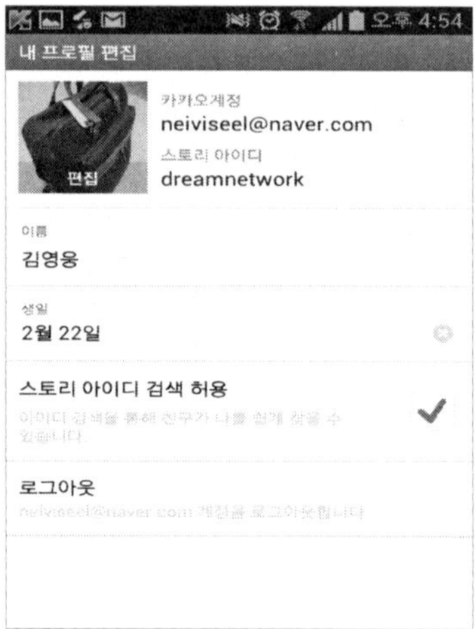

최근 업데이트된 1.6.1 버전의 경우 위 메뉴의 내 스토리에서 스마트폰 맨 왼쪽의 버튼의 프로필 편집을 눌러서 프로필을 변경하면 된다.

또한, 카카오계정 외에 카카오스토리 아이디를 별도로 만들 수 있는 기능이 있다. **[아이디 만들기]**를 클릭한다. '스토리 아이디 만들기' 페이지에서 아이디를 적고 **[확인]**을 누른다.

내 스토리 아이디를 보면 새롭게 생성된 아이디를 확인할 수 있다. 이 아이디는 카카오스토리의 고유 식별자로서 친구를 검색하는 용도로 사용된다.

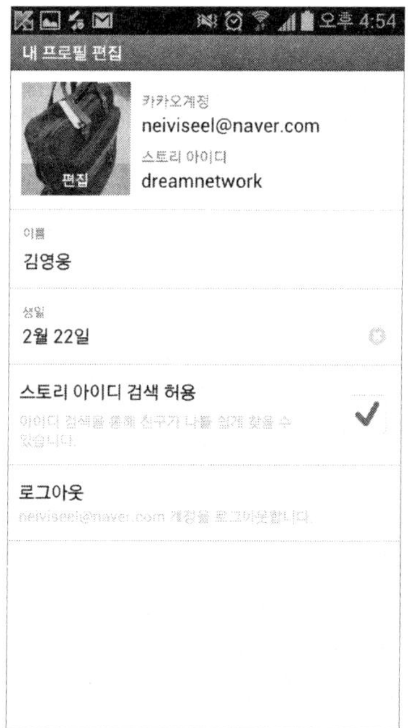

④ 카카오스토리 탈퇴하기

서비스의 탈퇴는 '계정' 페이지에서 할 수 있다. **[서비스 탈퇴]** 버튼을 누르면 서비스에서 정말로 본인의 계정을 삭제할 것인지에 대한 물음을 한다. **[탈퇴하기]** 버튼을 클릭하면 계정이 삭제되고 서비스 탈퇴가 완료된다.

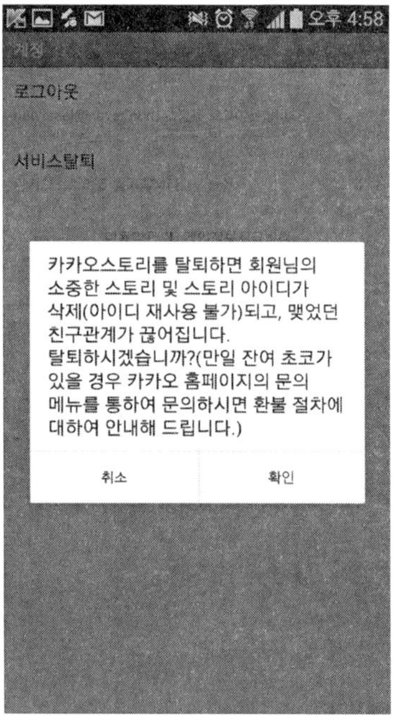

02 카카오스토리 친구 맺기

① 친구 찾기

카카오스토리에서는 스토리 아이디를 통해 새로운 친구를 찾을 수 있는 기능을 제공한다. **[친구]** → **[친구찾기]**를 클릭한 후 **[스토리 아이디로 친구찾기]** 버튼을 통해 친구를 찾을 수 있다.

새로운 친구의 스토리 아이디를 입력하여 검색하면 해당 친구를 확인할 수 있고 친구 신청을 할 수 있다. 상대방 친구가 친구 수락을 하면 상호 간의 친구관계가 성립이 된다. 혹은 스크롤을 내려서 친구를 찾아서 신청할 수도 있다.

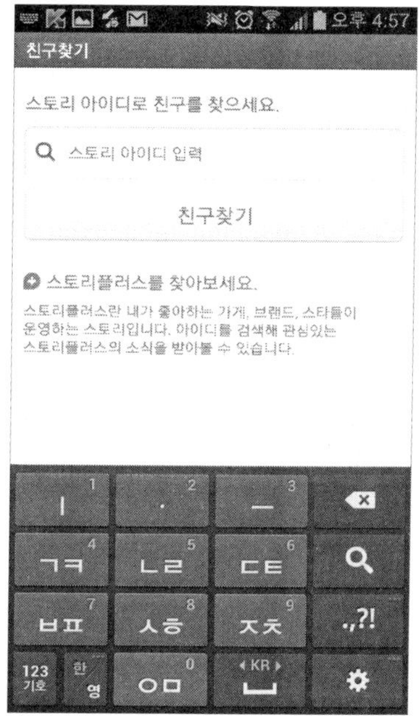

② 친구 맺기

카카오스토리에는 친구를 직접 찾는 기능 외에도 추천 친구를 찾아주는 기능이 있다. 이 기능은 카카오톡에서의 친구 관계를 기반으로 추천을 해준다. 추천된 친구는 '친구 찾기' 페이지에서 확인할 수 있다.

추천 친구는 '스토리 추천 친구'와 '내 카카오톡 친구'로 구분할 수 있는데, 추천된 친구가 카카오스토리를 이미 이용 중일 경우에는 '스토리 추천 친구'로 분류가 되고, 반대로 추천된 친구가 카카오스토리를 이용 중이지 않을 경우에는 '내 카카오톡 친구'로 분류가 된다. '스토리 추천 친구'의 경우에는 **[친구 신청]** 버튼을 클릭하여 친구 요청 메시지를 보낼 수 있고, 상대방 친구가 승낙을 하면 친구 관계를 맺을 수 있다.

'내 카카오톡 친구'인 경우에는 **[친구 초대]** 버튼을 통해 친구에게 카카오 스토리를 소개하는 카카오톡 메시지를 보낼 수 있다. 친구가 카카오스토리 앱을 설치하고 친구 승낙을 하면 친구 관계를 맺을 수 있다.

만일 다른 친구가 나에게 친구 신청을 했다면 내가 그 요청을 수락하여 친구 관계를 맺을 수 있다. **[친구]** → **[받은 신청]**을 클릭하여 현재 나에게 친구 신청을 한 사람을 확인할 수 있고, **[친구 수락]** 버튼을 누르면 친구 관계가 성립이 된다.

친구 화면에서 새롭게 추가된 친구는 노란색으로 표시된다.

③ 친구 끊기

안드로이드 폰을 기준으로 친구 관계를 끊는 방법은 '친구' 페이지에서 핸폰 왼쪽 버튼을 누르면 친구편집이 나온다. 그걸 클릭할 경우 '친구 끊기'라는 창이 나온다. 그 창을 누르면 '친구를 끊으시겠습니까?'라는 메시지가 뜨면서 친구 끊기가 가능하다. 아이폰의 경우 '친구' 페이지에서 **[편집]** 버튼을 누르면 친구들 이름 좌측에 ⊖ 표시가 생긴다. 이 ⊖ 표시를 클릭하면 ⓘ 표시로 바뀌면서 좌측에 **[친구 끊기]** 버튼이 생성되고 이 버튼을 누르면 친구 관계를 끊을 수 있다.

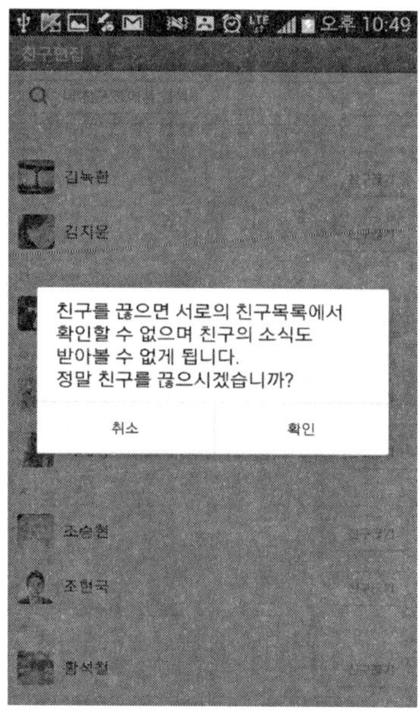

03 콘텐츠 생성, 관리 및 공유하기

카카오 스토리에서는 페이스북이나 트위터와는 다르게 사용자 자신의 공간에만 콘텐츠를 생성할 수 있다. 상대방의 공간에서 콘텐츠를 이용할 수 있지만 생성할 수 없다는 점을 알아야 한다. 카카오 스토리에서 사용자는 글쓰기와 사진 두 가지 방법으로 콘텐츠를 생성할 수 있다.

콘텐츠 생성 방법에 대해서는 다음 절에서 자세히 서술 할 것이다. 글 또는 사진을 업로드한 사용자는 자신이 작성한 콘텐츠에 대한 공개 여부를 2가지로 결정할 수 있다. 우선 '친구 공개'와 '전체 공개' 2가지가 있다. 첫 번째로 '친구 공개'인 경우는 카카오스토리 상에서 친구 상태인 사용자들에게만 보여줄 수 있게 된다.

두 번째인 '전체 공개'인 경우, 자신과 카카오톡 상에서는 친구 상태이지만 카카오스토리 상에서는 친구 상태가 아닌 사용자들도 볼 수 있는 경우이다. 만약, 카카오톡과 카카오스토리 상에서 모두 친구가 아닌 경우는 내가 작성한 글을 볼 수 없게 된다.

추가적으로 카카오스토리에서는 '필독친구선택'이라는 기능이 있다. 이 기능은 특정인에게 자신이 작성한 콘텐츠에 대한 특별한 접근권한을 주는 기능이다. 이 기능은 '친구 공개'나 '전체 공개'와는 상관이 없이 글 또는 사진을 업로드한 사용자가 지정한 친구들은 볼 수 있게 설정하는 것이다.

① 카카오 스토리에 글쓰기

카카오스토리에서는 자신의 공간에 글을 생성할 수 있다. 글을 작성할 때는 옆의 그림처럼 **[글쓰기]**를 선택하여 글을 생성 할 수 있다.

최근 업데이트된 1.6.1 버전에서의 경우 글쓰기 메뉴가 맨 오른쪽 위에 배열되어 있다. 그곳에서 글쓰기, 촬영 혹은 앨범을 추가할 수 있다.

글을 작성할 때 글자의 제한은 공개되어 있지 않지만 한글 기준으로 띄어쓰기를 포함하여 약 2821자 내외로 작성해야 한다. 만약, 약 2821자를 초과해 버리면 초과된 글자는 자동적으로 없어지게 되어 내용을 알 수 없게 되어버린다.

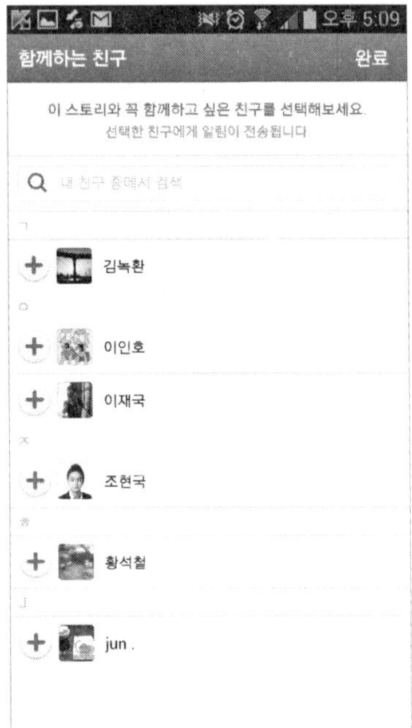

글을 작성하고 나서 사용자는 위의 그림과 같이 공개여부를 설정할 수 있다. 카카오스토리에서는 기본적으로 '친구 공개'로 설정되어 있다. 필요에 의해 '전체 공개'과 '필독 친구 선택'를 설정할 수 있다. 이렇게 작성된 글은 '소식' 메뉴에서와 '내스토리'에서 확인 할 수 있다. 또한, '최근 알림'을 통하여 친구들이 확인 할 수 있게 된다.

② 카카오 스토리에 사진 올리기

가. 촬영하여 사진 올리기

카카오스토리에서는 자신의 공간에 직접 촬영한 사진을 업로드 할 수 있다. 위의 그림처럼 **[촬영]**을 선택하여 사진을 새롭게 생성하여 업로드 할 수 있다. 글쓰기와 마찬가지로 촬영한 사진은 사용자는 밑의 그림과 같이 사진에 대한 효과를 선택할 수 있다.

사진 효과 설정에는 다양한 기능이 제공된다. 기본적으로 '원본'기능을 포함하여 '선명한', '빛바랜', '뽀얗게', '가을날', '노을빛', '그늘진', '무지개', '흑백' 등 모두 9가지의 사진효과를 사용할 수 있다. 또한, 사진을 정사각형으로 잘라서 사용할 수도 있다.

사진 효과 설정이 완료된 콘텐츠는 그림과 같이 추가적으로 글을 작성할 수 있다. 또한, 이곳에서 콘텐츠의 공개여부를 설정할 수 있다. 공개 설정 방법은 앞 절에서 설명한 것과 같은 방법으로 '친구 공개', '전체 공개', '필독 친구 선택'으로 설정 할 수가 있다. 또한, 이렇게 작성된 글은 글쓰기와 같은 방법으로 '소식' 메뉴에서와 '내 스토리'에서 확인 할 수 있다. 또한, '최근 알림'을 통하여 친구들이 확인 할 수 있게 된다.

가. 나. 앨범에서 선택하여 사진 올리기

카카오스토리에서는 자신의 앨범 사진을 업로드 할 수 있다. 위의 그림처럼 **[앨범에서 선택]**을 선택하면 카카오스토리는 모바일 장치에 저장된 사진 폴더에 접근하게 되며 저장된 사진을 사용하여 콘텐츠를 생성할 수 있다.

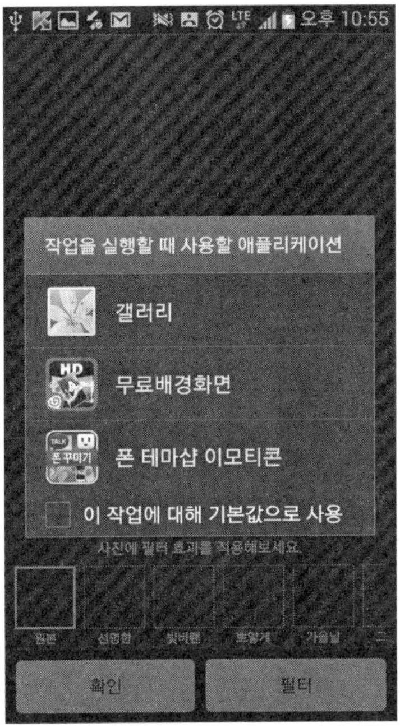

모바일에 저장된 사진을 선택하게 되면 사용자는 **[촬영]**과 마찬가지로 사진에 대한 효과를 설정하게 된다. 사진 효과 설정이 끝나고 나면 앞 절에서 설명했던 것과 같은 방식으로 글쓰기 및 공개범위 설정을 하면 된다.

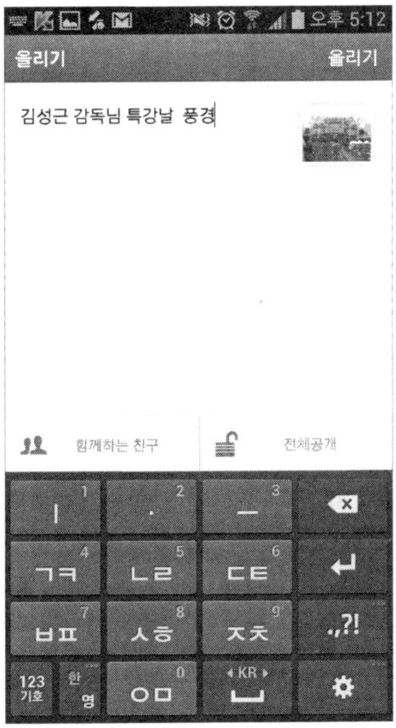

③ 카카오스토리 관리하기

카카오스토리에서 '내 스토리' 공간에 생성한 콘텐츠는 관리 할 수 있다. 밑의 그림은 콘텐츠 관리하는 그림을 나타낸 것으로 자신이 작성한 콘텐츠를 '카카오톡으로 보내기'를 사용하여 카카오톡으로 보낼 수 가 있으며, 콘텐츠 작성 시 설정하였던 '전체 공개'를 '친구 공개'로 재설정할 수 있다. 또한, 콘텐츠 삭제도 가능하다.

최근 업데이트된 1.6.1 버전의 경우 개인의 스토리에서 오른쪽 맨 위에 … 더보기 메뉴가 있다. 그곳에서 본인의 카카오 스토리를 관리할 수 있다.

04 친구와 소통하기

① 댓글 남기기

카카오스토리에서 상대방과의 소통은 댓글로만 가능하다. 댓글은 자신의 콘텐츠에 남길 수 있고, 상대방의 콘텐츠에도 남길 수 있다. 또한, 댓글은 띄어쓰기를 포함하여 200자 내외로 작성이 가능하다. 댓글을 남길 때에는 기본적으로 주어지는 이모티콘을 사용하여 감정을 나타낼 수 있다.

가. 자신의 스토리에 댓글 남기기

카카오스토리에서 자신의 콘텐츠에 자신이 댓글을 남길 수 가있다. 밑의 그림은 자신의 콘텐츠(글 / 사진)에 댓글을 남기는 것을 보여준다.

다음 그림은 댓글을 작성하는 것으로 작성 공간 왼쪽에 하트모양을 선택하게 되면 '좋아요'/ '멋져요'/ '기뻐요'/ '슬퍼요'/ '힘내요'의 5가지 감정을 이용하여 콘텐츠를 평가하거나 감정을 표현할 수 있는 기능이다. 이렇게 평가하는 것은 한번밖에 사용할 수 없으며, 재평가를 원할 시 글 작성 공간 좌측의 하트모양을 선택하여 평가 / 감정을 삭제한 후 재평가를 하면 된다.

나. 친구의 스토리에 댓글 남기기

카카오스토리에서는 친구의 콘텐츠에 댓글을 남길 수 가있다. 밑의 그림은 친구의 콘텐츠(글 / 사진)에 댓글을 남기는 것을 보여준다.

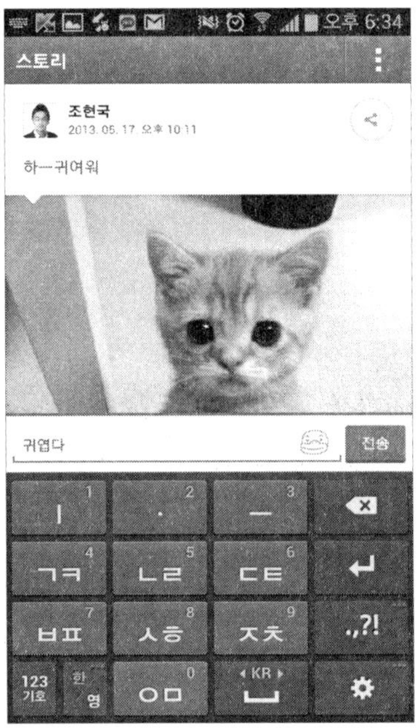

자신의 스토리에 댓글을 남기는 것과 마찬가지로 '좋아요' / '멋져요' / '기뻐요' / '슬퍼요' / '힘내요' 의 5가지의 감정을 선택하여 콘텐츠를 평가해 줄 수 있다. 카카오스토리에서는 상대방의 콘텐츠를 카카오톡과 연계하여 다른 친구들에게 공유를 할 수 있다. 또한, 콘텐츠에 대한 신고가 가능하다. 밑의 사진과 같이 친구의 콘텐츠의 우측 상단을 선택하면 '카카오톡으로 보내기'와 '신고하기'가 나오게 된다. 이 2가지 기능은 자신이 작성한 콘텐츠가 아닌 친구의 콘텐츠에만 해당되는 기능이다. '카카오톡으로 보내기'는 친구의 콘텐츠를 내가 아닌 다른 친구들에게 공유를 하고 싶을 때 사용하는 기능이다. '신고하기'는 해당 콘텐츠가 카카오스토리를 통하여 공개하기에 부적절하다고 판단하였을 때, 콘텐츠 삭제를 요청하는 기능이다.

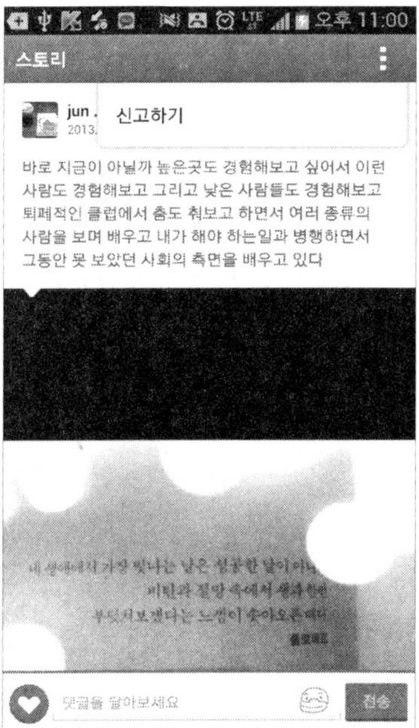

첫 번째로, '카카오톡으로 보내기'를 선택하게 되면 밑의 그림과 같이 카카오톡이 연계가 되며 해당 콘텐츠를 공유할 친구를 선택하게 된다. 공유할 친구는 카카오톡에서의 친구 목록을 기준으로 표시가 된다.

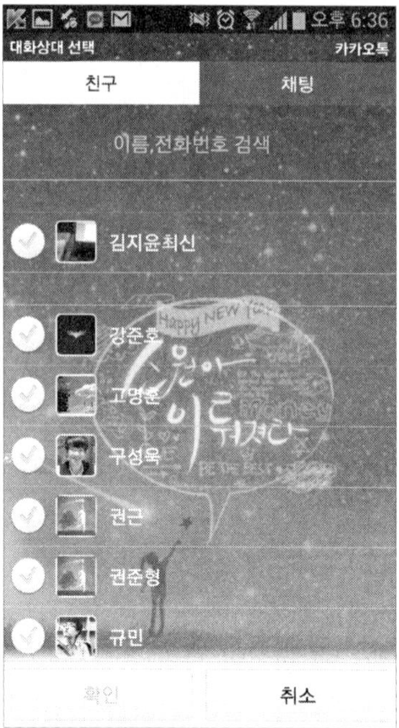

같이 공유하고 싶은 친구는 한명도 가능하고 다수를 선택할 수 있다. 공유하고 싶은 친구를 선택하게 되면 밑의 그림과 같이 자동으로 카카오톡 대화방이 만들어지고, 공유하고 싶은 콘텐츠로 바로 연결이 되는 '앱으로 연결'이 생성된다. '앱으로 연결'을 선택하게 되면 콘텐츠를 볼 수 있다.

두 번째는 '신고하기' 기능으로 해당 콘텐츠가 공유하기에 부적절하다는 것으로 판단하고 삭제를 요청하는 기능을 말한다. 그림과 같이 신고를 원할 때에는 명확한 신고사유가 필요하다.

작성한 신고 사유는 카카오스토리 회사로 접수가 되며, 신고 사유가 합당하면 해당 콘텐츠는 삭제가 된다. 하지만, 신고 사유가 부당하여 허위 신고라고 판단이 되면 허위 신고에 대한 카카오스토리 사용 불이익을 받게 된다. 따라서 콘텐츠 신고를 할 때에는 신중히 신고를 해야 한다.

찾아보기

1) 페이스북

2) 트위터

3) 미투데이

4) 싸이월드

5) Google+

6) 카카오톡/카카오스토리

SNS 가이드

2014년 1월 20일 초판 1쇄 인쇄
2014년 1월 27일 초판 1쇄 발행

지 은 이 성균관대학교 정보보호연구실
발 행 인 윤덕우
발 행 처 도서출판 **그린**
주 소 서울시 서대문구 연희동 219-20 (우)120-828
전 화 02) 333-2574
팩 스 02) 333-2561
출판등록 제8-161호(1995. 5. 3.)
E-mail greenpress@greenpress.co.kr
Homepage http://www.greenpress.co.kr
편집디자인 C&Blue Design(bussyfree@naver.com)
표지디자인 우일미디어(www.wooilmedia.co.kr)

가 격 12,000원
ISBN 978-89-5727-203-9 (03560)